U0079417

從歷史悟人生

最偉大
的
歷史故事

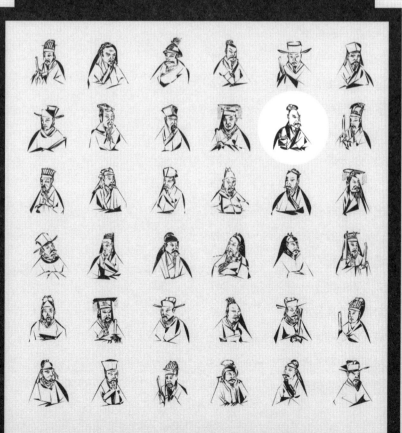

目　錄

Chapter 1
名譽，是最該珍惜的個人財富

Chapter 2
堅持，才能實現人生的理想

目　錄

Chapter 3
寬容，是最明智的處世原則

第一章

名譽，
是最該珍惜的個人財富

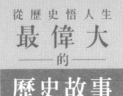

誠實、勤勉的晏殊

　　晏殊是北宋著名的文學家和政治家。大家熟悉的范仲淹、歐陽修等宋代大詩人，都曾經當過他的學生。晏殊在十三四歲的時候，就以博學多才出了名。後來，他被地方官視為「神童」推薦給朝廷，讓他去面見皇上。

　　事情巧得很。當晏殊趕到京城時，正好趕上科舉會試。參加會試的都是各地選拔上來的名列前茅的才子。晏殊是作為「神童」選來見皇帝的，本可以不參加考試。但晏殊覺得只有經過考試，才能測試自己有沒有真才實學。於是，他主動要求參加考試，並得到了皇帝的批准。

　　參加考試的有一千多人。有的是連考多年、兩鬢斑白的老學者，有的是風華正茂的青年書生，年齡最小的就是晏殊，他還不滿十四歲。一開始，他心裡有點不踏實，但他馬上又想到，

自己年紀還小，如果考試成績不好，證明自己的學問還不夠，那就需要自己繼續苦讀，有什麼可怕的呢？當考題發下來之後，晏殊認真一看，他簡直不相信自己的眼睛。考試題目自己曾經作過，當時寫的這篇文章還受到好幾位名師的稱讚。

這時候，晏殊的心裡很矛盾。照說，那篇文章的確是自己獨立完成的，現在把它照抄下來，當然也能反映自己的水平，不應該算是作弊，再說主考官和考生誰都不知道。但是，他又想，那篇文章是自己在家裡完成的，寫作的條件比考場上要優越得多。如果在考場上寫，就不一定能夠寫得那麼好。晏殊又想起老師曾講過的話：做學問必須老實，如果對自己放鬆，那只能害了自己。想到這裡，他決定把實話講出來，要求主考官給自己另出一個題目。可是，考場上的規矩太嚴了，晏殊幾次想說話，都被監考人員制止。迫不得已，晏殊只好以那篇文章為基礎，又做了些修改加工。寫好之後，交了卷。

幾天之後，十幾位成績最好的考生被召到皇宮大殿上，將接受皇上的複試。晏殊也是其中之一。

在對晏殊複試時，皇上高興的對他說：「你的文章，我親自看過了，沒想到你小小年紀，竟有這樣好的學問。」

　　不料晏殊卻跪下來，連忙自稱有罪。接著，他把考試的經過講了一遍，並且要求皇上另出一個題目，當堂重考。

　　晏殊說完後，大殿上鴉雀無聲。眾人都被嚇壞了，心想：這個少年真是傻到極點了，別人想找這樣的好事都找不到；他自己卻要求另換題目，再考一次！

　　過了片刻，皇上突然大笑起來，說道：「真看不出，你這孩子不僅學問好，還這樣誠實。好吧，我就成全你吧！」

　　當下，皇上與大臣們一商議，就出了一個難度更高的題目，讓晏殊當堂作文。晏殊克制著內心的緊張，集中全部精力，很快把文章寫好交了上去。

　　大家一看，交口稱讚。皇上十分高興，對晏殊讚不絕口，並當場授予他一個相當於進士的學位，還吩咐人給晏殊安排一個官職，先讓他鍛鍊一下，希望他日後成為國家的棟梁之材。

　　晏殊做官之後，一開始只在翰林院裡擔任一個小小的祕書職務，官位低，薪俸少，日子過得很清苦。當時，天下太平，京城裡一派歌舞昇平的景象。朝廷官員幾乎都是三日一宴，五日一遊，過著花天酒地的生活。晏殊也喜歡飲酒賦詩，願意與天下的文人們交往，可是他沒有錢，無法參加這些活動。於是，

他每日辦完公事，就回到住處讀書，或者和他在京城求學的兄弟們一起討論古書中的問題。

過了些日子，朝廷要選拔協助太子處理公務的官員。條件是：學問高、品德好。負責選拔的大臣們非常慎重，反覆篩選、考察，一直都定不下來。因為選不好，將會受到皇上的責備。

一天，忽然傳來皇上的一道御旨，要選拔官們把晏殊列入候選人之一。

不少大臣都不知道晏殊是誰。一打聽，才知道他是翰林院的一個小祕書。大家都覺得很奇怪，皇上怎麼會看上他？

原來，皇上聽說晏殊閉門讀書，從不吃喝玩樂，又想起晏殊在考場上的表現，認為他是一位既有才氣、又忠厚勤勉的人。選這樣的人到太子身邊，真是再合適不過了。所以，就親自欽點了晏殊的名。

晏殊上任前，照例到皇上那裡去謝恩。皇上勉勵他一番之後，又誇他閉門讀書，不參加遊樂，是個好青年。

晏殊聽完皇上的誇獎後卻低下了頭，並向皇上說：「臣並非不想和文人們宴飲遊樂，只是因為自己家貧無錢而不能去，如果臣有錢，肯定也會去的。我有愧皇上的誇獎。」

　　皇上聽後深為感動，一定要重用這樣誠實的人！

　　從此以後，晏殊的官越做越大，名望也越來越高，但他也一直保持著誠實、勤勉的作風，至死都沒有改變。

　　一位著名的作家指出：「自以為聰明的人往往是沒有好下場的。世界上最聰明的人是最老實的人，因為只有老實人才能經得起事實和歷史的考驗。

　　擁有誠實，人們的生活中就充滿了陽光。」誠實的具體表現就是敢講真話，不講假話。講老實話，辦老實事，做老實人，是每一個欲在事業上做出傑出成就的人應有的品德修養。

柳元公和唐憲宗

　　有一次，唐憲宗怒氣沖沖的召來京兆尹柳元公，大聲質問柳元公為什麼要殺死皇宮裡的神策軍小將。

　　原來，柳元公剛被任為京兆尹，在赴任的途中，有一個神策軍小將騎馬飛馳，無視剛接皇命上任的柳元公，不按當時的規矩及時躲避，反而迎面衝過去，他自以為是皇帝身邊的人，誰也不敢拿他怎麼樣。柳元公根本不懼這種勢利小人，於是喝令手下人攔住小將，當街杖打至死。

　　有人將此事稟告了憲宗，憲宗很是生氣，於是就招來柳元公問罪。柳元公看唐憲宗動怒，並不害怕，他回答說：「京兆尹作為京城的一官之長，應該使自己的行為成為天下的楷模，京城的管理應當成為天下學習的準則。陛下親令授臣為京兆尹，但宮中神策小將無禮，騎馬當街衝過，這是沒把陛下制定的典

法放在眼裡，不僅僅是瞧不起我一個人的問題。臣只知道杖打無禮之人，並不知道打的是神策小將。」

　　唐憲宗沉吟了一會說：「既然後來你知道打死的是神策小將，你為什麼不向朕報告？」柳元公說：「臣只負責判決裁定有罪之人，沒有向陛下報告的責任！」唐憲宗已經被柳元公有理有據的辯詞說服了，便不再追究杖殺小將的事了，又問道：「既然打死人，應由什麼人向我報告？」柳元公回答說：「在街上打死人，應由本街使金吉將軍向陛下報告；如在房中打死人，則應由左右巡使向陛下稟奏。」

　　唐憲宗聽了之後，認為柳元公打死神策小將是有法律依據的，柳元公不畏權勢不應有罪，於是便不再追究他的行為，命柳元繼續任京兆尹。

　　縱觀中外歷史，凡是把國家治理得繁榮興盛的君主都是嚴格約束和要求自己的。唐憲宗李純繼承了自唐高祖以來的納諫之風，只要宰臣們說得有理有據，一般都能採納，像柳元這樣堅持原則的人能得到重用，這是唐朝興旺繁榮的主要原因。

因一枚錢斷送前程的人

　　有個南昌人，住在京城裡，做著國子監的助教。一天，他偶爾路過延壽街，看見一個年輕人正在點錢買《呂氏春秋》。剛好有一枚錢掉在地上，這個人就走過去用腳踩住錢。等年輕人走後，他就彎下腰把錢撿起來。旁邊坐著一個老頭子，看了半天，忽然站起來問這人的名字，冷笑兩聲就走了。

　　後來這個人以上捨生的名義，進了謄錄館，求見選官，得到了江蘇常熟縣尉的職位。他正打點好行裝，準備上任，遞了一張名片給上司。當時，湯潛庵正擔任江蘇巡撫，這人求見了十多次，巡撫都不見他。

　　官府裡的巡捕傳下湯潛庵的命令，叫這人不必去赴任，原因是他的名字已經掛進了被檢舉彈劾的公文裡了。這人大惑不解，便問是為什麼事情而被彈劾的。人家回答說：「是因貪污。」

這人想，自己都還沒到任，哪來的貪污呢？肯定是搞錯了，就想進去當面解釋一下。

巡捕將此事稟報了湯潛庵後，再次出來傳達道：「你難道不記得當年在書鋪裡的事了嗎？你當秀才的時候，尚且愛那一文錢如命。現在你運氣好，當上了地方官，那你還不把手伸進人家的口袋裡去偷，成了戴著烏紗的小偷？請你馬上解下大印走吧，別一路上哭個不停。」這人才知道，當年問他姓名的老頭，竟是這位湯老爺。他於是慚愧的辭官而去。

當官還沒上任就被彈劾，也算是一件出人意料的事。這個故事可以給那些貪圖小利、行為不檢的人作個勸誡吧！

為人處世千萬不能忽視了道德。一個人在任何場合都要保持良好的道德，「慎獨」是一個人獲得成功的重要條件。在沒有人看到的時候，也不可放鬆對自己的要求。

品德高尚的「書呆子」

　　南宋末年，天下大亂。當時，宋、金、蒙古三國各佔一方，混戰不休。老百姓為了逃避戰火，紛紛離開故土，扶老攜幼，四處逃難。

　　有一天，在金朝統治下的河陽縣地界裡，大道上走著一位十七八歲的青年。這青年的名字叫許衡，河南泌陽縣人。他出生於農家，少年時期，就以聰明勤奮聞名。現在，他正要到河陽縣來向一位老學者請教學問。

　　許衡一邊走，一邊望著路邊荒蕪的田野、破敗無人的村莊，胸中湧出無限感慨，他想：「如果戰爭再不停息，天下的百姓真是活不下去了。但願我能輔佐一位英明的君主，統一天下，讓老百姓重新安居樂業。」這樣想著，他更是加快了腳步，恨不能一步趕到那位老學者家中，把治國平天下的本領學到。

　　這時正是三伏天，炎炎烈日炙烤著大地，空中一絲風也沒有。許衡走得汗流浹背、口乾舌燥，真想找個地方乘乘涼，喝上一肚子甘甜的泉水。

　　但這裡剛剛經過戰火，四周的人家躲得不見人影，要哪裡去找水喝呢？走著走著，他看到前面路邊的大樹下，有幾個人正在那裡乘涼。他急忙趕過去，希望能討口水喝。走到近前，發現這幾位是趕路的小商販。一問，才知道他們身邊帶的水也喝光了，因為無處找水喝，正在那裡唉聲歎氣。

　　許衡只好在他們身邊坐下，準備歇口氣再走。

　　商販們問許衡是做什麼的，許衡告訴他們自己是個求學的書生。一個商販歎口氣說：「嗨，這兵荒馬亂的年頭，讀書有什麼用？要是學武，倒可能出人頭地。」

　　許衡說：「仗不會一直這樣打下去的，等戰爭停了，國家總是要有人來管理的。」

　　商販們一齊笑道：「看不出這小伙子倒挺有志氣！」

　　這時，遠處跑來一個人，懷裡捧著什麼東西，邊跑邊大聲喊著。商販們都站起身來張望，原來那人是一起趕路的商販，剛才獨自出去找水。等他跑近，大家才發現他懷裡捧著的，竟

然是幾個成熟飽滿的大梨！商販們都歡呼起來，一齊跑過去搶梨吃。許衡也走上去問道：「這梨是從哪裡買到的？」

「買？」那個商販哈哈大笑起來。「這地方的人都跑到山上避兵災去了，連個人影都沒有，哪裡去買？」

「是呀，那你是從哪兒弄來這好東西的？」商販們邊吃邊好奇的問。

「我到那邊村子裡繞了繞，想找個人家，把水葫蘆灌滿。可是，別說是人，連隻老鼠都找不著！水井也都被當兵的用土給填上了。我正在喪氣，忽然看見一家院子的牆頭上露出一枝梨樹枝，上面結著幾顆令人垂涎欲滴的大梨。當下，我樂得差點暈過去，可是跑過去一看，這家的院門都用石塊給堵上了，牆頭也很高。我顧不上這許多，費了好大的勁，才翻進院子裡，摘了這些梨。那樹上的梨還很多，我們再一起去多摘些，帶著路上吃好不好？」

商販們齊聲說好，各自收拾東西，準備去摘梨，許衡插嘴問道：「你說村裡的井都被填上了嗎？」

「可不是嗎！當兵的看老百姓都跑光了，一氣之下，走的時候，就把井都填了，你甭想找到水喝。」

　　許衡歎了口氣，默默的轉身走開了。商販們奇怪的問道：「小伙子，你不和我們一起去摘梨嗎？」

　　許衡說：「梨樹的主人不在，怎能隨便去摘呢？」

　　商販們又笑起來，說：「你真是個書呆子！這兵荒馬亂的日子，哪裡還有什麼主人呢？再說，那樹的主人說不定已經被打死了呢！」

　　許衡認真的答道：「梨樹雖然無主，難道我們自己的心裡也無主嗎？不是自己的東西，我是絕不會去拿的。」

　　說完，許衡背起行囊，拿起劍。向商販們拱手道別，就轉身上路了。

　　後來，元朝統一天下後，因為許衡品格高、學問好，當上了元世祖忽必烈的大學士，成為元朝有名的開國大臣之一。

　　當一個人斬斷了所有外在約束力，唯一制約他行為的就只有自我約束力了。慎獨是人類道德準則的最高境界。品德是對自己的要求，不是做給別人看的。在沒有人看見的時候，也要約束自己，遵守規則，保持良好的道德。

趕考的羅倫和一只金鐲

明朝年間，有一個名叫羅倫的讀書人。他為人忠厚，讀書勤奮。這年，他由僕人陪同，進京赴試。

他們路過山東時，僕人撿到一只金鐲。他乘人沒注意，悄悄的把金鐲藏入懷中。

過了五六天，羅倫在旅店中盤點行資，點著點著，不由得雙眉緊皺起來。僕人問他為何悶悶不樂，羅倫說：「到達京城，還需要好多天，路費恐怕不夠了。」

僕人聽了，不慌不忙的說：「相公不必憂慮，小人自有辦法。」

羅倫好奇怪的問：「你有什麼辦法呢？」

「我在山東撿到一只金鐲，把它賣掉，就足夠了。」僕人得意的回答。

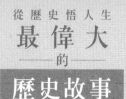

羅倫沒料到僕人竟會做出這種事來，頓時怒火中燒，聲色俱厲：「別人的東西，我們怎麼能佔為己有呢？快快準備，返回山東，想辦法找到失主！」

僕人為難的說：「再回山東，往返多日，豈不誤了你的考期？」

羅倫壓下怒火，耐心的對僕人說：「遺失貴重物品的人，肯定焦急萬分，說不定會鬧出人命。我寧可誤考，也要送還。」

僕人又羞又愧，二話不說，備好馬匹，和羅倫急急忙忙返回山東。果然不出羅倫所料，原來一家主婦洗臉時，不小心將金鐲掉入盆中。侍女不知，連水帶鐲一起倒掉了。

主婦找不到金鐲，懷疑被侍女偷去，百般拷打，逼她招認。主婦的丈夫得知此事，又懷疑妻子有外遇，將金鐲送給了情夫，因而整日辱罵不休。

侍女和主婦有口難辯，二人各懷冤屈之情，準備懸梁自盡。多虧發現得早，才救下了這兩條性命。

正當這家人鬧得紛紛擾擾的時候，羅倫主僕二人聞訊趕到。他們送還了金鐲，又好言好語安慰了主婦和侍女一番。失主全家深受感動，千恩萬謝，喜淚橫流。

羅倫雖然耽誤了考期，但一點兒也不後悔。他意味深長的對僕人說：「如果找不到金鐲的失主，我的心一輩子都會不安的。」

曾國藩說：「慎獨則心安。自修之道，莫難於養心；養心之難，又在慎獨。能慎獨，則內省不疚，可以對天地質鬼神。」一個人沒有一件內疚之事，則能坦蕩泰然，心安理得，生活才能輕鬆快意。

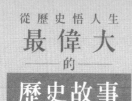

東都留守和偷換棋的門客

　　唐朝元和年間，東都留守名叫呂元應。他酷愛下棋，養有一批下棋的食客。

　　呂留守常與食客下棋。誰如贏了他一盤，出入可配備車馬；如贏兩盤，可攜兒帶女來門下投宿就食。

　　有一天，呂留守在院亭的石桌旁與食客下棋。正在激戰猶酣之際，衛士送來一疊公文，要呂留守立即處理。呂元應便拿起筆準備批覆。

　　下棋的門客見他低頭批文之狀，認為不會注意棋局，便迅速的偷換了一個棋子。哪知，門客的這個小動作，呂元應看得一清二楚。

　　他批覆完文件後，不動聲色的繼續與門客下棋；門客最後

贏了這盤棋。門客回到住房後，心裡一陣歡喜，企望著呂留守提高自己的待遇。

第二天，呂元應攜來許多禮品，請這位食客另投門第。其他食客不明其中緣由，很是詫異。

十幾年之後，呂留守處於彌留之際，他把兒子、侄子叫到身邊，談起這件下棋的事，說：「他偷換了一個棋子，我倒不介意，但由此可見他心跡卑下，不可深交。你們一定要記住這些，交朋友要慎重。」他累積多年人生經驗，深覺棋品與人品密不可分。

小事顯示人的品德。在日常生活中，你的一言一行都是別人衡量你人品的尺碼。所以，要謹小慎微的恪守正直無私、光明磊落之道。

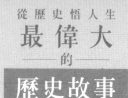

貪圖享樂的周幽王

　　周宣王死後，周幽王繼位。時值關中一帶發生大地震，加以連年旱災，使民眾飢寒交迫、四處流亡，社會動盪不安，國力衰竭。而周幽王是個荒淫無道的昏君，他不思挽救周朝於危亡，奮發圖強，反而重用佞臣虢石父，盤剝百姓，激化了階級鬥爭；又對外攻伐西戎而大敗。這時，有個大臣名褒，勸諫周幽王，周幽王非但不聽，反而把褒關押起來。

　　褒在監獄裡被關了三年。褒的族人千方百計要把褒救出來。他們聽說周幽王好美色，正下令廣徵天下美女入宮，就借此機會尋訪美女。終於找著了一個非常漂亮的姑娘並將其買下，教其唱歌跳舞，並把她打扮起來，取名為褒姒，獻於幽王，替褒贖罪。

　　幽王見了褒姒，驚為天人，非常喜愛，馬上立她為妃，同

時也把褒釋放了。幽王自得褒姒以後，十分寵幸她，一味過起荒淫奢侈的生活。褒姒雖然生得艷如桃李，卻冷若冰霜，自進宮以來從來沒有笑過一次，幽王為了博得褒姒的開心一笑，不惜想盡一切辦法，可是褒姒終日不笑。為此，幽王竟然懸賞求計，誰能引得褒姒一笑，賞金千兩。這時佞臣虢石父，替周幽王想了一個主意，提議用烽火台一試。

烽火本是古代敵寇侵犯時的緊急軍事報警信號。由國都到邊鎮要塞，沿途都遍設烽火台。西周為了防備犬戎的侵擾，在鎬京附近的驪山（在今陝西臨潼東南）一帶修築了二十多座烽火台，每隔幾里地就是一座。一旦犬戎進襲，首先發現的哨兵立刻在台上點燃烽火，鄰近烽火台也相繼點火，向附近的諸侯報警。諸侯見了烽火，知道京城告急，天子有難，必須起兵趕來救駕。虢石父獻計令烽火台平白無故點起烽火，招引諸侯前來白跑一趟，以此逗引褒姒發笑。

昏庸的周幽王採納了虢石父的建議，馬上帶著褒姒，由虢石父陪同登上了驪山烽火台，命令守兵點燃烽火。一時間，狼煙四起，烽火沖天，各地諸侯一見警報，以為犬戎打過來了，果然帶領本部兵馬急速趕來救駕。到了驪山腳下，連一個犬戎

兵的影子也沒有，只聽到山上一陣陣奏樂和唱歌的聲音，一看是周幽王和褒姒高坐台上飲酒作樂。周幽王派人告訴他們說，辛苦了大家，這兒沒什麼事，不過是大王和王妃放煙火取樂，諸侯們始知被戲弄，懷怨而回。褒姒見千軍萬馬招之即來，揮之即去，如同兒戲一般，覺得十分好玩，禁不住嫣然一笑。周幽王大喜，立刻賞虢石父千金。

　　周幽王為進一步討褒姒歡心，又不顧老祖宗的規矩，廢黜王后申氏和太子宜臼，冊封褒姒為后，褒姒生的兒子伯服為太子，並下令廢去王后的父親申侯的爵位，還準備出兵攻伐他。

　　申侯得到這個消息，先發制人，聯合西北夷族犬戎之兵及其他諸侯，於公元前七七一年進攻鎬京。周幽王聽到犬戎進攻的消息，驚慌失措，急忙命令烽火台點燃烽火。烽火是燒起來了，可是諸侯們因上次受了愚弄，這次都不再理會。

　　烽火台上白天冒著濃煙，夜裡火光燭天，但就是沒有一個救兵到來。使得周幽王叫苦不迭。鎬京守兵本來就怨恨周幽王昏庸，不滿將領經常剋扣糧餉，這時也都不願效命，犬戎兵一到，便勉強招架了一陣以後，一哄而散，犬戎兵馬蜂擁入城，周幽王帶著褒姒、伯服，倉皇從後門逃出，奔往驪山。途中，

他再次命令點燃烽火。烽煙雖直透九霄，還是不見諸侯救兵前來。犬戎兵緊緊追逼，周幽王的左右在一路上也紛紛逃散，只剩下一百餘人逃進了驪宮。

周幽王採納臣下的意見，命令放火焚燒前宮門，以迷惑犬戎兵，自己則從後宮門逃走。逃不多遠，犬戎兵又追了上來，一陣亂殺，只剩下周幽王、褒姒和伯服三人。他們早已被嚇得癱瘓在車中。犬戎兵見周幽王穿戴著天子的服飾，知道就是周天子，就當場將他砍死。又從褒姒手中搶過太子伯服，一刀將他殺死，只留下褒姒一人做了俘虜（一說被殺）。至此，西周宣告滅亡。周幽王是個不務正業、貪圖享樂的君王，為博得美人一笑竟然「烽火戲諸侯」，這種玩法實在是夠新穎的，但他為此付出了亡國的代價，並被後人千古傳笑。

「貧賤不移」固然難能可貴，「富貴不淫」尤難做到。在事業順利的時候，中國人一向崇尚講求謙虛、謹慎、不驕、不躁的作風和艱苦奮鬥的作風。這是把我們的事業不斷推向高峰的保障。

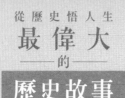
甘於平庸的劉禪

　　劉備依靠諸葛亮、關羽、張飛等一批能幹的文臣武將打下了江山，他死後將王位傳給了兒子劉禪。臨終前，劉備囑咐諸葛亮輔佐劉禪治理蜀國。

　　劉禪是一位非常無能的君主，什麼也不懂，什麼也不做，整天就知道吃喝玩樂，將政事都交給諸葛亮去處理。諸葛亮在世的時候，用盡心思使蜀國維持著與魏、吳鼎立的地位；諸葛亮去世後，由姜維輔佐劉禪，蜀國的國力迅速走起了下坡路。

　　一次，魏國大軍侵入蜀國，一路勢如破竹。姜維抵擋不住，終於失敗。劉禪驚慌不已，一點繼續對抗的信心和勇氣都沒有，為了保命，他赤著上身、反綁雙臂，叫人捧著玉璽，出宮投降，做了魏國的俘虜。同時跟他一塊兒做了俘虜的，還有一大批蜀國的臣子。

　　投降以後，魏王把劉禪他們接到魏國的京都去居住，使他和以前一樣養尊處優，為了籠絡人心，還封他為安樂公。

　　司馬昭雖然知道劉禪無能，但對他還是有點懷疑，怕他表面上裝成很順從的樣子，暗地裡仍存著東山再起的野心，有意要試一試他。

　　有一次，他請劉禪來喝酒。席間，他叫人為劉禪表演蜀地樂舞。跟隨劉禪的蜀國人看了都觸景生情，難過得直掉眼淚。

　　司馬昭看看劉禪，見他正咧著嘴看得高興，就故意問他：「你想不想故鄉呢？」劉禪隨口說：「這裡很快樂，我並不想念蜀國。」

　　散席後，劉禪的近臣教他說：「下次司馬昭再這樣問，主公應該痛哭流涕的說：『蜀地是我的家鄉，我沒有一天不想念那裡。』這樣也許會感動司馬昭，讓他放我們回去呀！」果然不久，司馬昭又問到這個問題，劉禪就裝著悲痛的樣子，照這話說了一遍，但又擠不出眼淚來，只好閉著眼睛。

　　司馬昭忍住笑問他：「這話是人家教你的吧？」劉禪睜開眼睛，驚訝的說：「是呀，正是人家教我的，你是怎麼知道的？」司馬昭明白劉禪確實是個胸無大志的人，就不再防備他了。

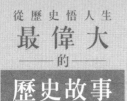

　　劉禪身為一國之主，居然樂不思蜀，甚至連裝著想念故鄉都裝不出來，貪圖享樂而志向淪喪竟到了這種地步，實在可氣可歎。

　　「扶不起的『阿斗』」早已經是一個不是成語的成語了，它是無能與平庸的代名詞。

　　我們在任何情況下，都不應該放棄自己的理想，只顧追求享樂，不思進取，而是要時刻嚴格要求自己，志存高遠，不懈的奮鬥。

居安思危的朱棣

　　朱棣當上皇帝後，簡直是個事無鉅細一概過問的人，事情管得過多，總顯得有些應接不暇。他認為，皇位得來不易，應居安思危，防微杜漸，事事都應過問，唯恐有所失誤。

　　一天，朱棣在右順門看四方奏牘，精神過度集中，御案上一個鎮紙金獅被碰到案邊，險些掉到地上，站在一旁的給事中耿通連忙上前將金獅往裡邊移了移。朱棣這時候才發覺，立刻與剛閱讀奏疏上的國家大事聯繫了起來：「一個小小的東西，放在不穩定的地方就危險，放在穩妥的地方就安全。」

　　他指著那尊鎮紙金獅感慨道：「天下是最重要的『大器』，更應放在安全的地方。怎麼可以放在危險的地方呢？即使天下太平，也不可忘了危險。所以在小事上必須謹慎，小事上如果不謹慎，長此以往，就可能招致大的禍患。

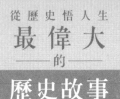

　　為了天下這一「大器」，朱棣不敢有絲毫的懈怠。他處處克己，以求天下之治。他把大臣送上的《大學正心章講義》反覆讀了多遍，特別欣賞其中靜心寡慾的道理，認為做皇帝的尤其不能有所好樂，應該盡量做到心靜而虛。

　　由於上朝時忙於政事，往往來不及靜思，退朝後則容易放鬆自己，朱棣便經常默坐冥想，以管束自己的欲心。於是，他將欲心與天下聯繫在一起：「為人君，但於宮室、車馬、服食、玩好無所增加，則天下自然無事。」一想到天下，他頓時警覺起來，克己之心便佔了上風。

　　一次，朱棣派宦官去山西採辦天花，但事後很快感到後悔，立即下令停辦了。外國使臣朝貢玉碗，他拒而不受，讓禮部賜鈔遣還。對於這類平日不用，府庫中又已有的東西，盡量限制，免得人們察其所好，爭相進獻，於國事無益。

　　朱棣的生活很儉樸，有時候上朝穿的內衣都破舊了，甚至衣袖外露，補補還穿，侍臣看到後常讚頌其「聖德」。他這樣做，當然主要是給臣屬們看的，他主要還是怕宮中奢侈，百姓生怨而致使天下不穩。

　　朱棣每年只有正月十一日至正月二十日這短短的十天休息

日，其他時間幾乎沒有假日。

朱棣居安思危，勵精圖治，使他在位時期的經濟有所發展，給他子孫時期的「仁宣之治」打下紮實的基礎。

在生活中，我們也要做到時刻警醒，防微杜漸，居安思危，遇事冷靜，不容許自己有絲毫的疏忽和鬆懈，這樣才能避免因出現紕漏而遭受失敗和損失。

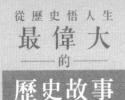

威武不屈的蘇武

　　蘇武是西漢時期的皇帝侍從。漢武帝時，中國北方的遊牧民族 —— 匈奴貴族，經常派騎兵騷擾漢朝邊境，殺人放火，搶奪財物，不但給漢族人民的生活帶來很大的痛苦，而且也威脅到漢朝的封建統治者。

　　漢武帝即位以後，派出軍隊，多次擊敗匈奴的進攻。匈奴的首領單于害怕漢朝軍隊乘勝追擊，就故意裝出和好的姿態，把以前扣留的漢朝使節放了一些。漢武帝得知這一消息後很高興，馬上派正直廉潔、有膽有識的蘇武，率領張勝、常惠等一百多人，帶著大批禮物再次出使匈奴。

　　臨行前，漢武帝召見了蘇武，親手把旌節交給他。這是一根七八尺長的木棍，頂部彎曲的地方掛著一串用毛做成的絨球，表明使節的身分，同時是使臣出使的憑證。蘇武接過使節杖，

激動的說：「只要我人在，這節杖就不會丟，使命就不會受辱。」

蘇武一行風餐露宿，長途跋涉，終於到達了匈奴單于居住的地方見到了單于。誰知單于是個吃硬不吃軟的傢伙，見蘇武送禮上門，就以為漢朝軟弱求饒，所以對蘇武及使臣們傲慢無禮，態度專橫，蘇武忍辱負重，完成了使命，正準備返回長安時，發生了一件意想不到的事。

原來幾年前，漢朝使者衛律出使匈奴後不久就投降了，並被單于封為王。衛律原來的副使虞常對衛律賣身投靠匈奴的做法，一直不滿，見到老朋友張勝後，他就和張勝暗中商量，想乘單于出外打獵時，劫持單于的母親，殺了衛律。然而正當他們七十多人準備起事時，有人告了密。於是單于逮捕了虞常，並想趁機逼迫蘇武投降。

衛律奉令威逼蘇武投降，遭到嚴詞拒絕。蘇武說：「我是漢朝使者，如果喪失了氣節，使國家受到侮辱，活下去還有什麼意思？」說著便拔出寶劍，向自己身上猛刺，衛律慌忙抱住蘇武，奪下劍來，然後找來醫生為他包紮傷口。

單于聽到這個消息，不禁對蘇武的愛國氣節產生了敬意，他更感到要讓蘇武投降，為自己創圖霸業服務的重要性。他讓

衛律當著蘇武的面審問虞常和張勝。衛律把蘇武叫來，先把虞常一刀砍死，嚇得張勝當場表示投降。

衛律乘機要挾蘇武說：「你的副使都認罪投降了，你作為正使也要治罪。」

蘇武嚴正的回答：「我奉命來與匈奴結好，和張勝既非同謀，又非親屬，憑什麼治我的罪？」

衛律理屈詞窮，揮刀要殺蘇武。蘇武毫不畏懼，迎上前去說：「你要有膽量殺死堂堂漢朝使臣，就快點動手吧！」

衛律見硬的不行，就用高官厚祿來勸降，誰知蘇武一聽勃然大怒，破口痛罵道：「你背叛了君主和父母親戚，不知廉恥，還有什麼臉跟我說話？」

單于見蘇武軟硬不吃，又生一計，想用艱苦的生活環境來消磨蘇武的愛國意志，誘使他最終投降。於是下令把蘇武放逐到北海（今俄羅斯西伯利亞貝加爾湖）去放羊。臨行前，單于對蘇武說：「等你放的公羊產了奶，你才能回去。」

北海荒無人煙，一年到頭白雪皚皚，連鳥獸也很難見到。有時蘇武餓得沒有辦法，就掘開野鼠洞，掏洞裡的草料來充飢。每天，他一面放羊，一面撫弄「節杖」，希望總有那麼一天，

能夠拿著節杖，重返祖國。天長日久，節杖上的絨毛都掉光了，成了一根光禿禿的棍子，但蘇武仍視為生命的支柱，連睡覺的時候都緊緊抱在胸前，就這樣，蘇武在匈奴生活了十九年。

公元前八十一年，漢朝與匈奴幾經交涉，匈奴才把蘇武及其隨員共九人放回長安。長安的老百姓聽說蘇武回來了，都出來迎接。他們看到滿頭白髮的蘇武，手裡還緊緊握著那根光禿禿的「節杖」，無不感動得熱淚盈眶。

古人說：「富貴不能淫，貧賤不能移，威武不能屈。這樣的人，才是真正的大丈夫！」在困難面前不退縮，在巨大的壓力下不屈服，堅持自己的原則和理想，這樣的人常常會得到世人的敬仰。

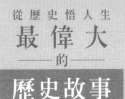

一個出身卑微的樞密使

　　狄青本是京城禁軍裡的一個普通兵士。他從小練得一身好武藝，騎馬射箭，樣樣精通，加上膽壯力大，後來被選拔做了小軍官。

　　西夏的元昊稱帝以後，宋仁宗派禁軍到邊境去防守，狄青被派到陝西保安（今陝西志丹）。

　　不久，西夏兵進攻保安。保安的宋軍多次被西夏兵打敗，士兵們一聽說打仗都有點害怕。守將盧守勤為了這件事正在煩惱。而狄青卻主動要求讓他擔任先鋒，抗擊西夏軍。

　　盧守勤見狄青願意當先鋒，自然高興，就撥給他一支人馬，跟前來進犯的西夏軍交戰。

　　狄青每逢上陣，必先換了一身打扮。他把髮髻打散，披頭散髮，頭上戴著一個銅面具，只露出兩隻炯炯的眼睛。他手拿

一支長槍，帶頭衝進敵陣，東擋西殺。西夏兵士自從進犯宋境以來，從沒有碰到過這樣厲害的對手。他們看到狄青這副打扮，已經膽寒了。經狄青和宋軍猛衝了一陣，西夏軍的陣腳大亂，紛紛敗退。狄青帶領宋軍衝殺過去，打了一個大勝仗。

捷報傳到朝廷，宋仁宗十分高興，把盧守勤晉升了官職，狄青也升了四級。宋仁宗還想把狄青召回京城，親自接見。後來因為西夏兵又進犯渭州，調狄青去抵抗，不得不取消了召見的打算，叫人給狄青畫了肖像，送到朝廷去。

以後幾年裡，西夏兵不斷在邊境各地進犯，弄得地方不得安寧。狄青前後參加了二十五次大小戰鬥，受了八次箭傷，從沒有打過一次敗仗。西夏兵士一聽到狄青的名字，就嚇得不敢跟他交鋒。

當時，負責防守邊境的范仲淹聽了部下的推薦，立刻召見狄青，問他讀過什麼書，狄青出身兵士，識字不多，要他說讀過什麼書，他答不上來。

范仲淹勸他說：「你現在是個將官了。做將官的如果不能博古通今，只靠個人的勇敢是不夠的。」接著，他還介紹狄青讀一些書。

　　狄青見范仲淹這樣真誠的鼓勵他，十分感激。 之後，他常利用打仗的空隙時間刻苦讀書。過了幾年，他把秦漢以來名將的兵法都讀得很熟，又因為立了戰功，不斷得到晉升，名聲更大。後來，宋仁宗把他調回京城，擔任馬軍副都指揮。

　　宋朝有個殘酷的制度。為了防止兵士開溜，而在兵士的臉上刺上字。狄青當小兵的時候也被刺過字。過了十多年，狄青當了大將，但是臉上還留著黑色的字跡。

　　有一次，宋仁宗召見他以後，認為當大將臉上留著黑字，很不體面，就叫狄青回家以後，敷上藥，把黑字除掉。

　　狄青說：「陛下不嫌我出身低微，按照戰功把我升上這個地位，我很感激。至於這些黑字，我寧願留著，讓兵士們見了，知道該怎樣上進！」

　　宋仁宗聽了，很讚賞狄青的見識，更加器重他。

　　後來，因為狄青多次立功，被提拔為掌握全國軍事的樞密使。一個小兵出身的人當上樞密使，這是宋朝歷史上從來沒有過的事。有些大臣嫌狄青出身低，勸仁宗不該把狄青升到這麼高的職位，但是宋仁宗這時候正在重用將才，沒有聽這些意見。

　　狄青當了樞密使，有人總覺得他的出身和地位太不相稱。

有一個自稱是唐朝名相狄仁傑後代的人，拿了狄仁傑的畫像，送給狄青說：「您不也是狄公的後代嗎？不如認狄公做祖宗吧！」

狄青謙虛的笑了笑說：「我本來是個出身低微的人，偶然碰到機會得到高位，怎麼能跟狄公高攀呢？」

古今中外，出身低微的人最終成為偉人者並不乏見；「富貴不過三代」的諺語也到處都能找到佐證。世人評價一個官員或普通人的時候，看重的不是你是誰的後代，而是你的為人和德行。因此，無論如何都不要忽視了對自己品德的培養。

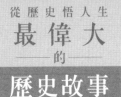

善用道義感召的晉文公

　　春秋戰國時，晉文公在外流亡時，曾經受到楚成王的熱情招待。他非常感激，表示日後如果晉國和楚國的軍隊要打仗，晉軍情願退避三舍（九十里）地作為報答。

　　誰料當初隨意一言，多年之後倒成了真現實的考驗。

　　公元前六三三年，因為宋國背楚聯晉，楚國派軍隊攻打晉國。楚軍已經擺開了陣勢，兩軍相遇後，晉文公突然想到早年許諾，於是命令晉國軍隊先退卻三十里，楚國的統帥子玉乘勝追擊。

　　晉國軍史紛紛請求說：「以國君你的地位，卻迴避楚軍的一個小小將領，這是恥辱。再說楚國軍隊已經被打得疲勞不堪了，必然要失敗。為什麼要退卻呢？」

　　晉大夫子犯說：「各位忘記了國君在楚國時受到的好處嗎？

我聽說，在戰爭中，有理士氣就高漲飽滿，軍隊就壯盛；無理士氣就會低落，軍隊就容易疲憊。如果我方做到以國君迴避君子，它還不撤退，那楚軍也就理虧了。到那時我們再攻打它，也合乎道義。」

於是，晉軍連退九十里。楚國其他將帥打算停止進攻，子玉不同意。一直逼到城濮，於是爆發著名的城濮之戰。楚軍大敗。

晉軍以弱勝強，因素固然很多，晉文公善於運用道義感召顯然是最高明的一著。

還有一事也可佐證其威力，一次，晉文公攻打原國，與士兵約定七天為期。過了七天，原國還不投降，文公便命令撤退。謀士們說：「原國就要投降了。」軍官們也都請求等待一下。文公說：「信用是國家的珍寶。得到原國失掉珍寶，我不這樣做。」還是命令軍隊離開了原國。

第二年，晉文公又率領軍隊攻打原國，與士兵約定一定得到原國然後才返回。原國人聽到這個約定，於是就投降了。衛國人聽到這件事，認為文公的信用真是達到了極點，也歸順了文公。

　　晉文公後來能夠稱霸諸侯，看來並不是偶然的。作為政治家，在許下了對自己不利的諾言之後，能夠做到言而有信不撒謊、不找藉口是很難的，真這樣做的人，就往往會被同僚視為「不夠精明」。但是被某些政治家認為與己無緣的「誠實守信」的品德，有時恰恰能夠幫助一個人成就事業。

不賤賣自己名譽的公爵

　　一八一五年六月，威靈頓公爵統率反法聯軍在滑鐵盧大敗拿破侖軍隊，因此聲名大噪。但他回到英國後並沒有因此而自恃功高，仍舊謙恭待人。

　　長久以來，他就想買下家旁邊的一塊空地，於是他讓部下去跟地主商議買賣事宜。由於地主正好缺錢，加上知道買主是赫赫有名的威靈頓公爵，買賣很快就成交了。

　　當那位部下興沖沖的回報已成交時，威靈頓問：「你用多少錢買的？」部下得意的說：「本來那塊地值一千五百英鎊，但我用一千英鎊就買下來了。我報上公爵的名號，對方還嚇得直發抖呢！」

　　威靈頓向來視自己的名譽為一生中最珍貴的財富，便打斷了部下的話，斥責道：「你把我的名譽以五百英鎊的價錢賤賣

了。」

　　第二天一早，威靈頓派人給那位地主送去了五百英鎊。

　　名譽是最值得珍惜的個人的財富，人們經常是直到失去了才發現它的珍貴。名譽是不可以賤賣的；好的名聲也不是用金錢可以買到的。無論如何也不要毀掉自己的名譽。

不掠人之美的晏子

　　齊景公罹患腎炎，已經十幾天臥床不起了。這天晚上，他突然夢見自己與兩個太陽搏鬥，結果敗下陣來，驚醒後竟嚇出了一身冷汗。

　　第二天，晏子來拜見齊景公。齊景公不無擔憂的問晏子：「我在昨夜夢見與兩個太陽搏鬥，我卻被打敗了，這是不是我要死了的先兆呢？」

　　晏子想了想，就建議齊景公召一個占夢人進宮，先聽聽他是如何圓這個夢，然後再作道理。齊景公於是委託晏子去辦這件事。

　　晏子出宮以後，立即派人用車將一個占夢人請來，占夢人問：「您召我來有什麼事呢？」晏子遂將齊景公做夢的情景及其擔憂告訴了占夢人，並請他進宮為之圓夢。

　　占夢人對晏子說：「那我就反其意對大王進行解釋，您看可以嗎？」晏子連忙搖頭說：「那倒不必。因為大王所患的腎病屬陰，而夢中的雙日屬陽。一陰不可能戰勝二陽，所以這個夢正好說明大王的腎病就要痊癒了。你進宮後，只要照這樣直接說就行了。」

　　占夢人進宮以後，齊景公問道：「我夢見自己與兩個太陽搏鬥卻不能取勝，這是不是預兆我要死了呢？」

　　占夢人按照晏子的指點回答說：「您所患的腎病屬陰，而雙日屬陽，一陰當然難敵二陽，這個夢說明您的病很快就會好了。」

　　齊景公聽後，不覺大喜。由於放下了心中的疑慮，加之配合用藥和飲食調養，不出數日，果然病就好了。為此，他決定重賞占夢人。可是占夢人卻對齊景公說：「這不是我的功勞，是晏子教我這樣說的。」

　　齊景公又決定重賞晏子，而晏子則說：「我的話只有由占夢人來講，才有效果；如果是我直接來說，大王一定不肯相信。所以，這件事應該是占夢人的功勞，而不能記在我的名下。」

　　最後，齊景公同時重賞了晏子和占夢人，並且讚歎道：「晏

子不與人爭功，占夢人也不隱瞞別人的智慧，這都是君子所應
具備的可貴品德啊！」

　　在名和利面前，晏子與占夢人都有一個正確的態度，既不
奪人之功，也不掠人之美，真誠謙讓，這種君子之風值得後人
傚法與發揚。而依靠投機取巧和鑽營獲得的利益是不會持久的，
習慣於這樣做的人也是卑鄙可恥的。

從歷史悟人生
最偉大
的
歷史故事

推功讓賞的西漢名將

　　西漢名將李廣，戎馬四十餘年，戰功卓著，但他卻從不以功自居而看重賞賜。更為難得的是他那替人攬過而勇於自責的品格，使人讚歎不已。

　　在一次與匈奴的作戰中，因援軍未按時趕赴，使李廣部隊被圍。李廣指揮若定，並與士卒一起浴血奮戰，雖然損失不小，卻最終帶領餘部突圍成功。未完成任務的援軍首領被依法治罪。李廣雖殺敵有功，卻因損兵折將，功過相抵，未能獲賞。旁人多抱不平，而李廣卻不以為意。

　　李廣一生因戰功獲賞不少，但他都讓給部將。每次從朝廷得到賞賜，他也都全部分給自己的部下，以致他為官四十餘年，仍家無餘財。

　　李廣拙於言辭，卻有攬過自責的勇氣。一次隨大將衛青出

兵北擊匈奴，請求打先鋒而未准，受命作左翼進攻。因無嚮導而迷了路，本能如期參加會戰。回朝後，衛青上書天子，對李廣窮追責任。李廣因不善辭令，加上因此戰無功而窩火，遂緘口不言。於是朝廷命審其部眾。此時李廣卻挺身而出：「諸校尉都無罪，是我自失道。吾今自上薄。」李廣到幕府後，因不忍刀筆吏侮辱，拔劍自刎。

李廣死訊傳出，部下無不痛哭流涕，百姓也都悲傷落淚。竭心盡力為國家，不計個人得與失，李廣受到人們深切的懷念。他在人們的心目中，早已成為中國北方邊陲安危所繫的一員虎將。他那種推功讓賞、攬過自責的優秀品德，使其美名遠揚，流傳永久。

能推功讓賞，固然不易，要做到攬過自責，就更加困難。大凡傑出的軍事將領和各行各業的領袖，都具有優秀的品德。對於寬厚仁愛型將領，更具有善待士卒，體察下情，讓功諸將，不居功自傲等高尚品德，因而深受世人的崇敬。

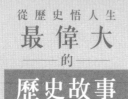

善於成人之美的達爾文

　　英國博物學家達爾文，在一八三九年就已經形成了進化論的觀點，並陸續寫成了手稿，但他沒有急於付印發表，而是繼續驗證資料，補充論據。這個過程，長達二十年。

　　一八五八年夏初，正當達爾文準備發表自己的研究成果時，突然收到馬來群島從事考察研究的另一位英國博物學家華萊士所寫的題為《記變種無限地離開其原始模式的傾向》的論文，其內容跟達爾文正準備脫稿付印的研究成果一樣。

　　在這個關係到誰是進化論創始人的重大問題上，達爾文準備放棄自己的研究成果，把首創權全部歸華萊士，他在給英國自然科學家賴爾博士的信中說：「我寧願將我的全書付之一炬，也不願華萊士或其他人認為我達爾文待人接物，有市儈之氣。」

　　深知達爾文研究工作的賴爾堅決不同意達爾文這樣做。在

他的堅持和勸說下，達爾文才同意把自己的原稿提綱和華萊士的論文一齊送到「林奈學會」，同時宣讀。華萊士這才得知達爾文先於他二十年就有了這項科學發現，他感慨的說：「達爾文是一個有耐心、肯下苦功的研究者，勤勤懇懇地搜集證據，以證明他發現的真理。」他宣佈：「這項發現本應該單獨歸功於達爾文，由於偶然的幸運我才榮膺了一席。」正是達爾文善於成人之美的行為，才換來了華萊士對達爾文的莫大尊敬。

在平時的生活和工作中，稍加留心就可以做到成人之美。成人之美其實是一種高超的交友藝術和領導藝術。當你滿足了別人的願望之後，別人就會感激你，就像受了你的恩惠一樣，而且有知恩圖報的想法。很多有經驗的領導者就是用這種方式來凝聚人心、管理員工的。

當你為別人提供了方便，使別人得到滿足，反過來別人也會設法為你提供方便，樂於成人之美的人總能得到別人的幫助和配合。所以成就別人也等於成就自己，推薦別人也等於推薦自己，稱讚別人也等於稱讚自己。

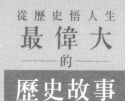

東漢時期的「瘦羊博士」

　　東漢時期，京城洛陽太學府是傳授儒家經典的最高學府。學府裡專事教學和解答疑問的人，個個都是飽學之士，其官職都被稱為博士。

　　某年春節，太學府裡一派喜慶氣氛。博士們正忙著張燈結綵，裝點校園，隨時準備恭迎詔書。

　　太學府外面鑼鼓喧天，顯然是皇上派人來為博士們祝賀節日來了。來人宣讀了詔書，博士們高呼「萬歲」謝恩。詔書上說，皇上為了讓博士們歡度春節，特意賜給博士們每人一隻羊。

　　羊都被趕來了，但是大小不等，肥瘦不一。這要如何分發呢？太學府的長官們為此而煩惱不已。有人主張把羊兒統統宰殺之後分肉，肥瘦搭配，每人一份。有人嫌這樣太麻煩，也顯得不夠大方，便提出用抓鬮的方法。大小肥瘦全憑運氣，抓到

小的、瘦的也怨不著別人。又有人覺得宰了分肉和抓鬮的辦法也不盡合理，但又拿不出好主意。

大家七嘴八舌的議論了一陣，仍然沒有商量出一個十全十美的好辦法。就在這舉棋未定之時，一向少言寡語的博士甄宇站起來說：「還是一人牽一隻吧，也不用抓鬮，我先牽一隻。」

大家的目光都望著甄宇，只見他走近羊群，左瞧瞧，右看看。此時，有人心裡正猜想著：這傢伙肯定會挑一隻又大又肥的。要是都爭先把大羊牽走了，剩下的小羊給誰呀？甄宇瞧了一會兒，逕直走到一隻又小又瘦的羊兒前，牽了就走。

恭可釋怨，讓可息爭。爭之不足，讓之有餘。這樣一來，那些不計較的博士也像甄宇一樣，牽了隻小羊便走；就是想計較的博士也不好意思爭執了，反而你謙我讓，每個人都高高興興的牽著一隻羊回家去了。

這件事情後來傳遍了洛陽，人們紛紛讚揚甄宇，還給他取了一個綽號，叫「瘦羊博士」。

　　一個人的一生倘若能真正做到淡泊名利、清心處世，實在是不容易。所以，這樣的人總是被世人所敬仰和讚美。在利益面前淡泊灑脫，超越個人得失，先人後己，是一種崇高的人生境界。

不計個人恩怨的藺相如

　　戰國時期，趙國的藺相如幾次出使秦國，又隨同趙王會見秦王，每次都憑著自己的大智大勇，挫敗驕橫的秦王，因此趙王很是器重藺相如，一下子將他提拔為上卿，位在老將軍廉頗之上。

　　戰功卓著的將軍廉頗見藺相如官位比自己還高，很不服氣，他到處揚言說：「我為趙國出生入死，有攻城奪地的大功。而這個藺相如，出身低微，只是憑著鼓動三寸不爛之舌，就能位在我之上，這實在是讓我難堪！以後我再見到藺相如，一定要當著眾人的面羞辱他。」

　　藺相如聽說後，就總是處處躲開廉頗。有一次，藺相如坐車在大街上走，忽然看見廉頗的馬車正迎面馳來，便趕緊命人將自己的車拐進一條小巷，待廉頗的車馬走過，才從小巷出來

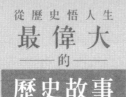

繼續前行。

　　藺相如的隨從們見主人對廉頗一讓再讓，好像十分懼怕廉頗似的，他們都覺得很丟面子，便議論紛紛，還商量著要離開藺相如而去。

　　藺相如知道後，把他們找來，問他們道：「你們看，是秦王厲害還是廉頗厲害？」

　　隨從們齊聲說：「廉頗哪能跟秦王相比？」

　　藺相如說：「這就是了。人們都知道秦王厲害，可是我連威震天下的秦王都不怕，怎麼會怕廉將軍呢？我之所以不跟廉將軍發生衝突，是以國家利益為重啊！你們想，秦國之所以不敢侵犯趙國，不就是因為趙國有我和廉將軍兩個人嗎？如果我們兩個人互相爭鬥，那就好比兩虎相鬥，結果必有一傷，趙國的力量被削弱，趙國就危險了。所以我不計較廉將軍，是為了趙國啊！」

　　後來這些話傳到廉頗那裡，廉頗大受感動。他想到自己對藺相如不恭的言語和行為，深感自己錯了，真是又羞又愧。好一個襟懷坦白的廉頗老將軍，脫光了上身，背著荊條，親自到藺相如府上請罪。藺相如趕緊挽起老將軍。

　　從此後，廉頗和藺相如兩個人，將相團結，一心為國，建立了生死不渝的友情。當時一些諸侯國聽說了以後，都不敢侵犯趙國。

　　藺相如不計個人恩怨，以國家利益為重的高風亮節和廉頗知錯即改的坦誠襟懷，都在啟發人們，在任何時候都要顧全大局，把國家民族利益放在第一位。不論什麼時候，都要顧大局、識大體，在必要的時候，要勇於犧牲個人的利益。

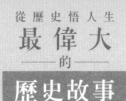

廉潔自儉的霍去病

　　西漢時期的霍去病出身十分貧寒，少年時期還曾在貴族家中做過奴僕。他的姨母衛子夫做了漢武帝的皇后之後，霍去病才有機會躋身於貴族行列。後來，霍去病官拜侍中，出入皇宮和接近皇帝的機會越來越多。但是，霍去病從沒有因為地位的改變，而遺忘他自小養成的艱苦節儉的本色。他在宮中做官時，從不像一般貴族公子那樣，花天酒地，尋花問柳，而是每天從早到晚，練兵習武，研讀兵法。由於他一心鑽研於習武讀書之中，在宮中常常忘了開飯的時間。

　　每逢這時，他從不在乎，常常是吃點剩飯，再去學習，或邊吃飯邊讀書。武帝見他如此刻苦、儉樸，常常在別人面前誇他是「棟梁之材」。

　　公元前一二三年，年僅十八歲的霍去病率領八百名騎兵初

戰匈奴，大獲全勝，殲滅了敵人千餘人，還活捉了匈奴國王的叔父。消息傳到長安，漢武帝萬分高興，破格賜封霍去病為冠軍侯。

霍去病立功陞官後，沒有居功自傲，他總是不忘節儉，處處與兵士同甘共苦。一次，霍去病又率大軍奔赴前線。臨戰前，漢武帝為了表達自己祝霍去病取勝的心願，派人由長安遠道為霍去病送去了兩罈上好的美酒。霍去病見到酒後，首先想到的是兵士。他認為：征戰沙場的兵士應該最先慰勞，我們做將領的絕不能有什麼特殊待遇。他當即命令：將酒分給全軍士兵，讓大家共享美味。可是，酒僅有兩罈，全軍將士怎麼分才合適呢？要是認真分起來，恐怕每人連飲一口也分不到。於是，有人勸霍去病說，這回酒太少，大人就破例自己獨享了吧！但是霍去病依然不肯，他考慮再三，最後終於想出了一個分酒的好辦法。

一天，霍去病把全軍將士召集到一個清泉周圍，待將士們坐好後，霍去病將兩罈美酒傾罈倒入泉水中，然後下令要大家馬上汲取泉水，開懷暢飲，以此來分享美酒。清泉旁，將士們手捧杯碗，互敬互讓，一時間歡聲雷動，全軍上上下下都沉浸

在一片熱烈氣氛之中。人們在分享美酒的同時，又都為霍將軍愛兵如子、廉潔自愛的美好品德所感動。

霍去病當時的年代，正是匈奴和西漢兩大勢力從和親到大動干戈的轉折時期，在這一時期，霍去病等漢將對匈奴的討伐，不僅有效的保衛了漢疆土，解除了長期以來匈奴對漢朝的威脅，對保障中原地區的安定和發展，也立下了不小的功勞。由於霍去病屢戰沙場，戰功顯赫，漢武帝一次次為他晉陞官職，最後封他為大司馬。漢武帝見霍去病的住宅很一般，又特意讓人在長安為他營造了一所豪華精美的府第，準備送給霍去病。

這一天，漢武帝為霍去病修建的住宅完工了，漢武帝興致特別好，他命霍去病一同前往參觀。沒過半個時辰，武帝和霍去病便來到府第門前。漢武帝抬眼望了望巍峨高聳的門樓，感到很有一派富麗堂皇的氣氛，心裡有了幾分滿意。但當他把頭轉向霍去病時，見霍去病不僅沒有流露出半分喜色，相反，眉間彷彿有一縷不悅。武帝暗自認為霍去病可能仍嫌這門面不夠氣派，於是連忙喚人引他們參觀一下府第內的建築。

跨進豪華的大門，出現在霍去病和武帝面前的是金碧輝煌的主樓。負責營造此住宅的大臣告訴武帝：主樓中建有豪華舒

適的寢室，寬敞氣派的會客間，環境幽雅的書房，以及多間廂房；出了主樓，是一片寧靜如畫的小花園。

這花園，雖說面積不算很大，但其中亭台樓榭應有盡有，滿園建築在奇花異草襯托下，顯得格調異常高雅。

漢武帝滿以為這下霍去病該喜出望外了，但整個參觀過程中，霍去病臉上始終沒露出一絲笑意。末了，他神情嚴肅的對武帝說：「陛下，您對我的恩賜，霍去病心領了。但是這所豪華的府第微臣卻不能要。現在匈奴雖暫時被擊退，但他們並未徹底被消滅。在這種情況下，我怎能忘記國家大業，而追求個人的安逸呢？」說完，他一再拜謝漢武帝，希望漢武帝能理解他，漢武帝見霍去病態度如此堅決，也只好不再提賜宅的事情了。

霍去病在當時不但是一位英名蓋世的沙場英雄，而且還是一位品行卓著的清官。霍去病居功不傲，廉潔自愛，在當時贏得了很高的聲譽。不管我們取得了什麼樣的成就，不管我們獲得了什麼樣的社會地位，都不要忽視了廉潔自儉的精神。

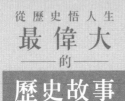

廉潔一世的銚期

　　銚期是東漢初年的著名將軍。他率部隊作戰時，紀律嚴明，衝鋒在前，為開創東漢國家立下了汗馬功勞。為此，東漢的光武皇帝劉秀封他為食邑五千戶的安成侯，對他十分器重和信賴。

　　但是，銚期並沒有躺在功勞簿上過日子，而是勤勞奉公，處處以國家的利益為重。平時，看到劉秀有什麼不對，每每率直的當面進行勸阻，哪怕劉秀大怒，自己也毫不迴避和遷就。在通常情況下，劉秀多是採納銚期的意見，避免了不少錯誤。

　　銚期有兩個兒子，一個名銚丹，一個名銚統。儘管銚期對他們很愛憐，可是在生活上要求卻很嚴格，從不讓兒子們倚借這侯門子弟的身分做出越軌的事。

　　銚期積勞成疾。老母親望著病床上奄奄一息的兒子，又顧念到兩個沒成年的小孫子，便嗚咽地跟銚期訴說，讓他趁著還

有口氣的時候，跟劉秀提出由孩子承襲安成侯爵位的問題。

銚期睜開眼睛，緩慢而吃力的跟老母親說：「這些年來，我受到國家如此深厚的恩待，但是自己給國家做的事卻少得很。往常一想到這裡，就覺得很羞慚。現在要死了，我正在抱恨今後不能再給國家出力了，哪裡還想到再為兒子們的榮華富貴，伸手討要，讓兒子們去承襲什麼侯位呢？」說著說著，慢慢地閉上了眼睛。

一個人尤其是為官者，奉獻一時、廉潔一時並不難；難的是堅持一輩子，一生奉行廉潔奉公的作風。而一個不願躺在功勞簿上過日子、不計較個人得失，為了國家利益鞠躬盡瘁、死而後已的人，才堪稱真正的偉人。

從歷史悟人生

最偉大

—— 的 ——

歷史故事

第二章

堅持，
才能實現人生
的理想

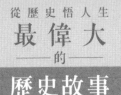

唐太宗和大理寺少卿

　　唐貞觀年間，在太宗李世民的倡導之下，朝廷開展了大規模的選拔推薦人才的活動。由於這個活動規模聲勢龐大，就有人打算渾水摸魚。太宗聽說有人謊報官階和資歷，就命謊報的人自首。並警告說，如果不自首，一經查出，便處以死刑。

　　過了不久，有一個謊報資歷的人事情洩露了。大理寺根據國家的法律，將這個人判處了流放。

　　太宗聽說這件事以後，就把大理寺少卿戴冑找了來，問他：「你本來就知道我當初下的詔書上說，不自首的人處死刑。現在，你判處他為流放，這不是向天下人表示我說話不算數嗎？」

　　戴冑回答說：「要是陛下當時就殺了他，這不是為臣的所能管到的。但是，現在你既然已經把他交給大理寺處理了，我就不能違背法律。」

太宗問戴冑：「那麼，你自己遵守了國家法律，卻讓我說話失去信用嗎？」

戴冑說：「法律，是國家用以取信於天下的保證，國家的信用才是最大的信用。您所說的話，只是當時憑著一時的喜怒講出來的罷了。陛下一時發怒，想要殺死他。後來知道不能這樣，才將他送給大理寺按照法律處理。這正是您忍耐小的憤怒而保持大的信用的結果。我覺得陛下的做法非常可貴，因此很值得珍惜。」

聽了戴冑的這番話，太宗說：「在我執法有誤的地方，你能夠糾正我，我非常感謝你。」

於是，太宗李世民改變初衷，同意了大理寺的判決。

堅持原則，以大局為重，把法律至於人情之上，不怕各種阻力，是基本的為官之道，也是每一個普通人應該傚法的精神。

被十萬貫「買斷」的廉政

　　唐朝的時候，有個地方官叫張延賞，為官處事還算正直清廉。這一日，張延賞接到一樁案子，牽涉到人命，案情嚴重，非同一般。張延賞按照一貫的做法，十分重視此案，他決心追查到底。於是他傳下令來，命捕快們嚴加偵查搜捕，務必盡快將罪犯捉拿歸案。

　　不料，第二天早晨張延賞來到衙門，正待坐下處理公務，卻發現案上有一紙條，上面寫著：「送上三萬貫，請求不要追查此案。」張延賞一看，臉色頓時一沉，十分氣憤。他將紙條扔在地上，厲聲喝道：「誰敢如此大膽，竟敢拿三萬貫錢來買本官清廉，干擾本官辦案！」於是他再次下命令，對這一案件加緊緝查，並決心嚴懲不貸。

　　再過一日，張延賞上衙，又一次發現公案上放一紙條，上

面並無多的內容，單寫著一個驚人的數字：「十萬貫。」這一下，張延賞幾乎被收買了，他左右為難，看樣子，對方的確來頭不小。張延賞思考再三，最後決定把這樁案子擱置起來，不再繼續追查。張延賞那原有的一點廉正，終於被十萬貫「買斷」了。

後來，張延賞的一個手下親信找了個機會，私下問張延賞說：「大人，為什麼將案子放棄不問？」

張延賞回答說：「錢到十萬之多，就算神仙也能買通的，更何況是人呢！既然什麼人都可以買通，那還有什麼事辦不到的呢？如果我還執迷不悟繼續追查，那將會處處碰壁，除了自找苦吃，自尋災禍，還會有什麼結果呢？所以我也只好停止查辦，保住身家性命，保住烏紗前程啊！」

所謂利慾熏心，金錢會引誘一個人走向貪婪的深淵。要想在誘惑面前巋然不動，把持節操，最關鍵的是真正具有正義感和大無畏的精神，把個人利益統統拋到九霄雲外。

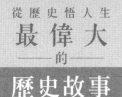

不徇私情的蘇章

　　漢順帝的時候，出了一位有名的清官，名叫蘇章。他為官清正、公私分明，從來不因自己的個人利益而冤枉好人、放過壞人，深受百姓的愛戴。

　　有一年，蘇章被委任為冀州刺史。上任伊始，蘇章便認認真真的處理政事，辦了幾件頗為棘手的案子。可是有一天，令蘇章頭疼不已的事情終於來了。

　　蘇章發現有幾本帳冊記得含混不清，不由得起了疑心，就派人去調查。調查的人很快呈上了報告，說是清河太守貪污受賄，數額巨大。

　　蘇章大怒，決心馬上將這個膽大妄為的清河太守逮捕法辦，可是當他的目光停留在報告上清河太守的名字上時，不由得呆住了。原來這個清河太守就是他以前的同窗，也是他那時

最要好的朋友，兩人總是同桌吃、同床睡，形影不離，無話不談，簡直情勝手足。真是沒有想到這個朋友的品行竟會墮落到這種地步，蘇章感到非常痛心，但同時，想到自己正在處理這件案子，對老朋友怎能下得了手呢？所以蘇章十分為難。

再說那位清河太守知道自己東窗事發，驚恐萬分。他聽說冀州刺史是自己的老朋友蘇章，心存幾分僥倖，希望蘇章能念及舊情，網開一面。但是對於蘇章清廉的名聲他也有所耳聞，不知道蘇章究竟會怎樣對待自己。正在他惴惴不安、惶惶不可終日的時候，蘇章派來了手下人請他去赴宴。

蘇章一見老友，忙迎上去拉著他的手，領他到酒席上坐下。兩個人相對飲酒說話，痛痛快快的敘著舊情，蘇章絕口不提案子的事，還不停的給老友夾菜，氣氛很是融洽。這時候，清河太守心裡的一塊石頭終於落了地，他不禁得意的說道：「蘇兄呀，我這個人真是命好，別人頂多有一個老天爺的照應，而我卻得到了兩個老天爺的蔭護，實在是幸運啊！」

聽了這話，蘇章推開碗筷，站直身子整了整衣冠，一臉正氣的說：「今晚我請你喝酒，是盡私人的情誼；明天升堂審案，我仍然會公事公辦。公是公，私是私，絕對不能混淆！」

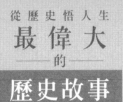

　　第二天，蘇章開堂審案，果然不徇私情，按照國法將罪大惡極的清河太守正法了。

　　是非分明、公而忘私是為人的準則，更是為官的準則。為了維護國家和人民的利益，秉公辦事、不徇私情是非常重要的。

敢講真話的魏徵

　　唐代皇帝李世民，能聽魏徵的反對意見，「兼聽則明」，
把唐朝治理得興盛起來。

　　唐代的魏徵是具有典型的正直誠實品格的代表人物。他在
自己的位置上敢於直言講真話，協助唐太宗開創了「貞觀之治」
的盛世。

　　一次，黃門官突然來向魏徵宣詔，說是聖上有旨，要徵集
十六至十八歲身強力壯的人入伍。魏徵覺得天下初定，由於連
年的戰爭和災荒，百姓中壯丁已很少，這樣突然的徵兵，不利
於國家的安全。

　　當他瞭解到這是宰相封德彝的主意時，他說：封德彝無視
國家現狀，徵兵的主意不合時宜。他讓傳旨官告訴唐太宗，這
種事不合法令，他難以聽從命令。魏徵公然抗旨不遵，嚇得傳

旨官目瞪口呆，力勸他接旨，其他朝臣也為他捏一把汗。但魏徵依然故我，泰然自若，竟反剪雙手在大廳裡踱起步來。

這時，黃門官又傳來第二道旨意，讓魏徵速派人征點壯丁入伍。魏徵仍然堅決不接旨，黃門官好心提醒他，萬歲要動怒了。魏徵卻昂然回答：絕不苟且從命。傳旨官無法，只得奉命叫他入宮見駕。李世民認為魏徵太固執，責問他：「征點壯丁入伍有何不可？為什麼屢抗朕命？」

封德彝在一旁添油加醋、火上澆油的說：「君命也不執行，怎能治理國家？」

魏徵大義凜然的反駁說：「難道大律不是君命？大律也是陛下親自頒發的，倘若連陛下也違反大律，朝令夕改，怎麼能治理好國家！」

李世民非常生氣的問道：「朕何事違律亂章；又何事朝令夕改？」

魏徵正色道：「陛下八月即位時，曾下詔全國免征免調一年，百姓聞詔皆欣喜若狂，歡呼皇恩浩蕩。可至今不到四個月，陛下就開始宣旨徵兵，這怎能取信於民？按國家大律上規定，二十一歲至五十九歲的男丁方可徵調，封大人怎麼知法違法，

有辱君命？」

　　唐太宗聽了很受啟發，立即停止向魏徵發脾氣，下令停止徵兵入伍。全朝的文武官員對魏徵這種忠心耿耿、剛正不阿、正直誠實的品格非常敬佩，唐太宗也很讚賞他的「忠諫」，將他比喻為檢查自己得失的一面鏡子。

　　正直誠實是每一個人都應該具備的一個重要品格。正直就是公正坦率，誠實就是忠誠老實，實事求是。即無論在任何情況下，都不隱瞞自己的觀點，不去阿諛逢迎，不講假話、空話、客套話、吹捧話，敢講真話。

　　處理問題光明正大，把觀點擺正，不會當面一套、背後一套，對上一套對下一套的陰謀詭計；不管什麼場合，都能誠實的對待自己，公正的對待別人，不弄虛作假。為人處世能把握住自己的方向，秉持正直的原則，在變換的時勢中才能立於不敗之地。

詹姆斯一世和首席法官

　　一六〇八年的某一天，英國國王詹姆斯一世在宮中閒坐無聊，忽然想起，有一段時間沒有到皇家法院去親自審理幾件案子了。何不去一趟，審一樁民間案件，解解悶，也順便體察一下民情。國王一行來到法院，遇到普通訴訟法院首席大法官柯克爵士。令國王頗感意外的是，他要審理案件的要求在柯克這裡碰上釘子了。

　　「普天之下，莫非王土，這國家都在朕的統治之下，區區一樁案件，朕竟然無權御駕親審，這是什麼道理？」國王滿臉不快，質問柯克大法官。

　　「陛下息怒，容臣稟告。陛下當然是國家的最高首領，內政大事，外交方略，都由吾王總攬。但是陛下要親審案件這事，卻是萬萬不可。」柯克顯得恭順，但眼神中卻透出堅定不屈。

「哈哈，國王不能審案，這倒是一樁新鮮事。我的大法官閣下，你別給朕來這套抽象肯定、具體否定的花樣。朕知道，吾國法律以理性為依歸。你不讓朕審案，顯然是認為朕天生愚笨，不及你和你的同僚們有理性嘍！」國王語中帶刺。

柯克並不退讓，一板一眼的回答道：「沒錯，上帝的確賦予陛下極其豐富的知識和無與倫比的天賦；但是，陛下對於英格蘭王國的法律並不精通。法官要處理的案件動輒涉及臣民的生命、繼承、動產或不動產，只有自然理性是不可能處理好的，更需要人工理性。法律是一門藝術，在一個人能夠獲得對它的認識之前，需要長期的學習和實踐。」

這次衝突是英國法律專業化歷史上的一座里程碑。此後，英國司法便成了職業法律家的壟斷領域。不只是英國，在當今的西方各國，從事法律職業都要以正規的大學法律教育為前提。

每個人都應該奉行良好的職業道德，養成「做任何事都應竭盡全力而為之，差一點都不行」的習慣。在工作中，用一種神聖的職業道德支撐著自己去克服困難，戰勝各種阻力。

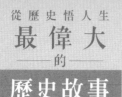

知罃以禮待楚王

　　戰國時期，晉楚展開大戰，晉軍大敗，知罃被俘。知罃的父親荀首為晉軍大夫，率兵出戰，射死楚大夫連尹襄老，射傷楚公子谷臣，一併帶回去，預備以後用他們來換回知罃。於是，荀首成了中軍統帥。當時晉軍雖敗，但勢力並不虛弱，楚人懼怕荀首的聲威，便答應了晉換回知罃的要求。

　　楚國見知罃要回晉國，知道他將來一定能立下大業，便由原來把他當作罪犯的臉孔改作朋友的臉孔，在把知罃送出時，他滿面和氣的問知罃：「你會怨恨我吧！」

　　知罃回答道：「兩國之間作戰，是因我沒有才能，才淪為俘虜。大王不把我殺死用血塗在鼓上激勵將士，使我回晉受罪，這是大王的恩惠，我哪裡還敢怨恨你呢？」

　　楚王聽了這話很為得意，進而問道：「既然如此，那麼你

將會感激我的恩德嗎？」

知罃正色答道：「兩國都是為國家利益打算，以使百姓安心度生，現在晉楚二國既已和好，各自後悔當初的怨恨，不應互相為戰，那麼就應互相寬恕為是，現在我們兩國都在力求這樣做，雙方互釋戰囚以成其好。兩國之間這樣的政事，與我私人無關，我來感激誰呢？」

楚王又問：「你這番話我聽得有點不對了，明明是要換你回去，可你卻說與你無關，但這也畢竟是兩國之間大事。那麼，你回去之後如何來報答我的恩情呢？」

知罃說：「臣無從受怨，也無從受德，無怨無德，不知所報。」

楚王笑著說：「這是哪裡的話來。」

知罃說道：「……若是我的國君把我殺掉，我就是身死掉，這個大恩是不會腐朽的。假使聽從你的好意而免我一死，來賜給我的父親荀首，若他把我戮於宗廟，我雖死掉，你的恩德也會不朽的。假使輪到我擔任國家大事的時候，帶領部分軍隊保衛邊疆，如果碰上楚國的將帥，我也是不會敢避而不打的，我會不惜犧牲的去拚殺，沒有二心，以此來盡我的為臣之禮，這

就是我對大王的回報。」

　　楚王從知罃口中得不到什麼千金許諾，但知罃的話句句入情入理，不好反駁，只好送知罃回去，歎口氣說：「晉未可與之爭。」

　　知罃在楚王進行盤問索要報答時，還在他人手中，然而並未故作媚態，強作歡顏，而是以禮相待楚王，這個禮，便是他應盡的臣子之禮，他的言語很有分寸，沒有絲毫過度，也無絲毫不周。就這樣，他依靠超人的口才，巧妙的保護了自己的利益。

　　為人處世最難做到的事情之一就是臨危不懼、威武不屈，在任何情形之下都主持公道，堅持自己基本的做人原則。這不僅需要膽量，更需要智慧。

公私分明的解狐

　　晉綽公執政時期，有個叫解狐的大夫，他為人耿直倔強，公私分明，晉國大夫趙簡子和他十分要好。

　　解狐有個愛妾叫芝英，生得貌美體嬌，如花解語，深得解狐的喜愛。可是有一次有人告訴解狐說，他的家臣刑伯柳和芝英私通。解狐不信，因為刑伯柳這人很忠實。那人於是決定用計使刑柏柳和芝英暴露原形。

　　第二天，解狐突然接到晉君旨意，要到邊境巡視數月。由於任務緊急，解狐連親近的幕僚刑伯柳都沒帶，就匆匆出發了。

　　真是天賜良機，芝英不由心中竊喜。可是前兩天她還不敢去找刑伯柳，第三天，她實在熬不住了，就偷偷的溜進了刑柏柳的房間，倆人正在房中卿卿我我、如膠似漆的時候，房門突然大開，解狐滿面怒容，帶著侍衛站在那兒。原來，他根本沒

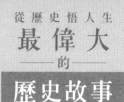

接到命令要去巡邊，而是在附近躲了起來，一接到報告，就馬上回府，果然逮個正著。

解狐把倆人吊起來拷打細審，得知原來芝英愛慕刑伯柳年輕英俊，就找機會勾搭成姦。知道情況後，解狐怒火更大，他把倆人痛打一頓，雙雙趕出了解府。

後來，趙簡子領地的國相職位空缺了。趙簡子要解狐幫他推薦一個精明能幹，忠誠可靠的國相。他想了想，覺得只有他原來的家臣刑伯柳比較適合，於是就向趙簡子推薦了他。

趙簡子找到刑伯柳後，就任命他為自己的國相，刑伯柳果然把趙簡子的領地治理得井井有條。趙簡子十分滿意，誇獎他說：「你真是一個好國相，解將軍沒有看錯人啊！」

刑伯柳這才知道是解狐推薦了自己。他是自己的仇人，為何卻要舉薦自己呢？也許他這是表明要主動與自己和解吧？於是刑伯柳決定拜訪解狐，感謝他不計前嫌，舉薦了自己。

刑伯柳回到國都，去訪解狐。通報上去後，解狐叫門官問他：「你來是因為公事還是因為私事？」刑伯柳向著府中解狐住的地方遙遙作揖說：「我今天赴府，是專門負荊請罪來了。刑伯柳早年投靠解將軍，蒙將軍晨昏教誨，像再生父母一樣。

伯柳做了對不住將軍的事，心中本就萬分慚愧。現在將軍又不計前嫌，秉公舉薦，更叫我感激涕零。」

門官又為刑伯柳通報上去。刑伯柳站在府門前等候，卻久久不見回音。他正疑惑難解的時候，解狐突然出現在門前台階上，手中張弓搭箭，向他狠狠射出一箭。他還來不及躲閃，那箭已擦著他耳根飛過去了。

刑伯柳嚇出了一身冷汗。解狐接著又一次張弓搭箭瞄準他，說：「我推薦你，那是為公，因為你能勝任；但你我之間卻只有奪妻之恨，你還敢上我的家門來？再不走就射死你！」

刑伯柳這才明白，解狐依然對自己恨之入骨，他慌忙遠施一禮，轉身逃走了。

解狐能公私分明到這種境界，倒頗值得讚歎。

一個人應該以國家利益為重，顧全大局，關鍵的時候捨小家顧大家。但是，不忽視個人得失、堅持自己的做人原則並沒有錯，只要公私分明，在生活中仍然可以保有自己的愛與憎。

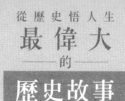

康有為的晚年

　　淪為清朝保皇派的康有為，晚年寓居上海。他的政治生涯雖已趨落寞，但在海內外的名望依然很高，因此他依然想有所作為。他不顧六十七歲的高齡，於一九二五年二月啟程遊說各地並覲見了廢帝溥儀，拜會了吳佩孚，力圖恢復帝制。然而歷史的進程已無法挽回，他因此而感到心力交瘁。

　　一九二五年十二月的一個冬夜，康有為費力的瀏覽著一大疊關於返老還童的中外研究資料。他昏花的眼睛突然被一篇文章吸引住了：俄國外科醫生沃羅諾夫的返老還童手術獲得空前成功，他把類人猿的睪丸成功的移植到老年男性身上。受術者明顯感到自己突然年輕了，惰性消失了，記憶力恢復了，八十歲的老人可以策馬狂馳了……

　　「大清有救了！」康有為手中的放大鏡劇烈的顫動了起來：

「讓我再活二十年吧，龍旗還會升起！」

割睪易腺在當時中國乃是常人不敢思議的驚世駭俗之舉。然而康有為根本無視可能產生的輿論壓力，第二天就請來自己的好友、滬上名醫江逢治。江氏知道他的意圖後亟表支持，立即延請了一名擅長此術的德國著名醫學博士馮・施泰奈為他施行手術。

康有為僅帶了一名老僕，便密而不宣的離家住進了施泰奈的診所。深夜，老僕滿面春風的回到已急成一團的康府，笑呵呵地宣佈：大人現在在外國醫院，安然無恙，十天後便可返老還童！施泰奈博士的外科手術是無可挑剔的，移植給康有為的可能是一隻年輕的公猿睪丸。

術後最初階段，康有為果然覺得精力大增，飯量大增，腳力輕捷，每天可做長時間的閱讀。然而不久之後，他卻發覺自己精力銳減，甚至還不如手術以前，突然衰老的整個身體像燒空的煤餅一樣垮了下來，施泰奈聞訊後立即開溜。

盛怒的康有為便以詐騙案起訴施泰奈。然而還不及法院開庭，康有為即於一九二七年初匆匆離開了這個令他失望的世界。有關康有為的死因說法很多，但至少有一點是可以肯定的，易

罩術沒能使他「返老還童」，身體的排異作用反而加速了他的衰竭。

　　在生活中有所追求、有所希望不是壞事情；但是一定要尊重科學，尊重自然的規律，按自然規律辦事，這樣才能減少挫折，減少傷害，最大限度的實現人生的理想。

偉大的建築設計師

　　三百多年前，建築設計師克里斯托‧萊伊恩受命設計了英國溫澤市政府大廳。他運用工程力學的知識，依據自己多年的經驗，巧妙地設計了只用一根柱子支撐的大廳天花板。一年以後，市政府權威人士進行工程驗收時，卻說只用一根柱子支撐天花板太危險，要求萊伊恩再多加幾根柱子。

　　萊伊恩自信只要一根堅固的柱子就足以維持大廳的安全，他的「固執」惹火了市政官員，險些被送上法庭。萊伊恩非常苦惱，若堅持自己原先的主張，市政官員肯定會另找他人來修改設計；不堅持，又有悖自己為人的準則。矛盾了很長一段時間，萊伊恩終於想出了一條妙計，他在大廳裡增加了四根柱子，不過這些柱子並未與天花板接觸，只不過是裝裝樣子。

　　三百多年過去了，這個祕密始終沒有被人發現。直到前兩

年，市政府準備修繕大廳的天花板，才發現萊伊恩當年的「弄虛作假」。消息傳出後，世界各國的建築專家和遊客雲集，當地政府對此也不加掩飾。在二十世紀末，特意將大廳作為一個旅遊景點對外開放，旨在引導人們崇尚和相信科學。

作為一名建築師，萊伊恩並不是最出色的。但作為一個人，他無疑非常偉大，這種偉大表現在他始終恪守著自己的原則，給高貴的心靈一個美麗的住所，哪怕是遭遇到最大的阻力，也要想辦法抵達勝利。

當別人不理解、不信任你的時候，你仍然可以在別人的懷疑中巧妙的堅持自己的意見。但是，堅持自己的原則，不一定要損害別人的面子，你可以做得更藝術些。

不畏強權的洛陽令董宣

　　漢光武帝建立了東漢王朝以後，他知道老百姓對各地豪強爭奪地盤的戰爭早已恨透了，決心採取休養生息的政策。例如減輕一些捐稅，釋放奴婢，減少官差，還不止一次的大赦天下。因此，東漢初年，經濟得到了恢復和發展。

　　漢光武帝懂得打天下要靠武力，治理天下還得注意法令。不過法令也只能管老百姓，要拿它去約束皇親國戚，那就難了。比方說，漢光武帝的大姐湖陽公主就依仗兄弟做皇帝，驕橫非凡，不但她愛怎麼著就怎麼著，連她的奴僕也不把朝廷的法令放在眼裡。

　　洛陽令董宣是一個硬漢子。他認為皇親國戚犯了法，應該同樣辦罪。湖陽公主有一個家奴仗勢行兇殺了人。兇手躲在公主府裡不出來。董宣不能進公主府去搜查，就天天派人在公主

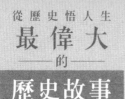

府門口守著，只等那個兇手出來。

　　有一天，湖陽公主坐著車馬外出，跟隨著她的正是那個殺人兇手。董宣得到了消息，就親自帶著衙役趕來，攔住湖陽公主的車。

　　湖陽公主認為董宣觸犯了她的尊嚴，沉下臉來說：「好大膽的洛陽令，竟敢攔阻我的車馬？」

　　董宣可沒有被嚇倒，他拔出寶劍往地下一劃，當面責備湖陽公主不該放縱家奴犯法殺人。他不管公主阻撓，吩咐衙役把兇手逮起來，當場就把他處決了。

　　這一下，差點兒把湖陽公主氣昏過去。她趕到宮裡，向漢光武帝哭訴董宣怎樣欺負她。

　　漢光武帝聽了，十分惱怒，立刻召董宣進宮，吩咐內侍當著湖陽公主的面，責打董宣，替公主消氣。

　　董宣說：「先別打我，讓我把話說完，我情願死。」

　　漢光武帝怒氣沖沖的說：「你還有什麼話可說的。」

　　董宣說：「陛下是一個中興的皇帝，應該注重法令。現在陛下讓公主放縱奴僕殺人，還能治理天下嗎？用不著打，我自殺就是了。」

說罷，他挺起頭就向柱子撞去。

漢光武帝連忙吩咐內侍把他拉住，董宣已經撞得血流滿面了。

漢光武帝知道董宣說得有理，也覺得不該責打他。但是為了顧全湖陽公主的面子，要董宣給公主磕個頭賠個禮。

董宣寧願把自己的頭砍下來，怎麼也不肯磕這個頭。內侍把他的腦袋往地下摁，可是董宣用兩手使勁撐住地，挺著脖子，不讓他的頭低下去。

內侍知道漢光武帝並不想把董宣治罪，但又得給漢光武帝下個台階，就大聲的說：「回陛下的話，董宣的脖子太硬，摁不下去。」

漢光武帝也只好笑了笑，下命令說：「把這個硬脖子攆出去。」

湖陽公主見漢光武帝放了董宣，心裡很氣，對漢光武帝說：「陛下從前做平民的時候，還收留過逃亡的和犯死罪的人，官吏也不敢上咱家來搜查。現在做了天子，怎麼反而對付不了小小的洛陽令？」

漢光武帝說：「正因為我做了天子，所以就不能再像做平

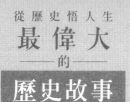

民的時候那麼做了。」

　　結果，漢光武帝不但沒辦董宣的罪，還賞給他三十萬錢，獎勵他執法嚴明。

　　「王子犯法與庶民同罪」是很難做到的，敢於堅持這一觀點的官，品德是高尚的，能夠容忍這樣的下屬的領袖也是比較英明和有遠見的。如果上下都能堅持原則，維護正義的社會秩序就是一件輕而易舉的事。

對皇帝「無禮」的周亞夫

　　漢文帝即位之後，跟匈奴貴族繼續採取和親的政策，雙方都沒有發生大規模的戰爭。但是後來匈奴的單于聽信了漢奸的挑撥，跟漢朝絕了交。

　　公元前一五八年，匈奴的軍臣單于起兵六萬，侵犯上郡（治所在今西榆林東南）和雲中（治所在今內蒙古托克托東北），殺了不少老百姓，搶掠了不少財物。邊境的烽火台都放起烽火來報警，遠遠近近的火光，連長安也望得見。

　　漢文帝連忙派三位將軍帶領三路人馬去抵抗；為了保衛長安，另外派了三位將軍帶兵駐紮在長安附近：將軍劉禮駐紮在灞上，徐厲駐紮在棘門（今陝西咸陽市東北），周亞夫駐紮在細柳（今咸陽市西南）。

　　有一次，漢文帝親自到這些地方去慰勞軍隊，順便也去視

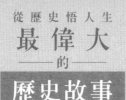

察一下。

　　他先到灞上，劉禮和他部下將士一見皇帝駕到，都紛紛騎著馬來迎接。漢文帝的車駕闖進軍營，一點沒有受到什麼阻攔。

　　漢文帝慰勞了一陣走了，將士們忙不迭歡送。

　　接著，他又來到棘門，受到的迎送儀式也是一樣隆重。

　　最後，漢文帝來到細柳。周亞夫軍營的前哨一見遠遠有一批人馬過來，立刻報告周亞夫。將士們披盔戴甲，弓上弦，刀出鞘，完全是準備戰鬥的樣子。

　　漢文帝的先遣隊到達了營門。守營的崗哨立刻攔住，不讓進去。

　　先遣的官員威嚴地吆喝了一聲，說：「皇上馬上駕到！」

　　營門的守將毫不慌張的回答說：「軍中只聽將軍的軍令。將軍沒有下令，不能放你們進去。」

　　官員正要與守將爭執，文帝的車駕已經到了。守營的將士照樣擋住。

　　漢文帝只好命令侍從拿出皇帝的符節，派人給周亞夫傳話說：「我要進營來勞軍。」

　　周亞夫下命令打開營門，讓漢文帝的車駕進來。

　　護送文帝的人馬一進營門，守營的官員又鄭重地告訴他們：「軍中有規定：軍營內不許車馬奔馳。」

　　侍從的官員都很生氣。漢文帝卻吩咐大家放鬆韁繩，緩緩的前進。

　　到了中營，只見周亞夫披戴著全身盔甲，拿著兵器，威風凜凜地站在漢文帝面前，拱拱手作個揖，說：「臣盔甲在身，不能下拜，請允許按照軍禮朝見。」

　　漢文帝聽了，大為震撼，也扶著車前的橫木欠了欠身，向周亞夫表示答禮。接著，又派人向全軍將士傳達他的慰問。

　　慰問結束後，漢文帝離開細柳，在回長安的路上，漢文帝的侍從人員都忿忿不平，認為周亞夫對皇帝太無禮了。

　　但是，漢文帝卻讚不絕口，說：「啊，這才是真正的將軍啊！灞上和棘門兩個地方的軍隊，鬆鬆垮垮，就跟孩子們鬧著玩一樣。如果敵人來偷襲，不做俘虜才怪呢！像周亞夫這樣治軍，敵人怎敢侵犯他啊！」

　　過了一個多月，前鋒漢軍開到北方，匈奴退了兵。防衛長安的三路軍隊也撤了。

　　漢文帝在這一次視察中，認定周亞夫是個軍事人才，就把

他提升為中尉（負責京城治安的軍事長官）。

　　生活中有一種人對上司畢恭畢敬、唯唯諾諾、百依百順，沒有任何原則，這樣的人是可鄙的；周亞夫不忘自己軍人的本分，像對待普通官員一樣對待皇帝，不讓漢文帝享受特殊待遇，並因此得到賞識，這種堅持原則的精神是值得學習的。

敢與上司「做對」的
汪應軫

　　明武宗時，庶吉士汪應軫因在武宗皇帝南巡之時，率領同為庶吉士的舒芬等人上疏諫止，幾乎被杖打至死，隨後出任泗州知州。泗州的老百姓不知道農桑之事，汪應軫到任後，便鼓勵他們耕田，然後從州里支出錢從湖南買來桑樹，教他們種植，又招募一些婦女去採桑，並教導他們養蠶的技術。

　　一天，驛站的使者馳馬來報，說武宗皇帝即將到達泗州。附近的州府聽到這消息都驚慌失措，使勁敲詐勒索民財，以作為迎駕的費用，弄得老百姓甚至堵死門窗，逃往外地躲藏。汪應軫卻鎮靜如常。

　　有人問他為何如此，他說：「我和州義的士人、百姓素來都是互相信任的，既使皇上到來，一切費用早晚間便可籌措好。

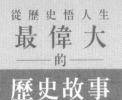
現在皇上何時來都還沒有定期，就匆匆忙忙去籌辦，差官吏四處活動。很容易貪污斂財，如果忙到時候費用湊齊而皇上卻未來，那可怎麼辦？」

當時別的州府用上千人手執火把在夜間等候迎接皇上，足足有一個月，不少人因此被凍死、餓死。汪應軫命令人站在榆樹柳樹間，一個人手拿十束火把。等到御駕夜裡經過泗州時，持火把的隊伍整齊有序，絲毫不亂。

御駕經過別的州府時，一路上宮廷使者絡繹不絕，任意敲詐勒索，毫不滿足。汪應軫估計這些人實際上內心很虛弱，可以用威力鎮服之，於是率領百名壯士，排列在他們的船旁，大聲呼喊答應，聲音傳遍了遠遠近近的地方。宮廷使者們都感到震驚，不知他們要幹什麼。

汪應軫指揮隨從的人眾急速拉船前行，頃刻之間，已過百里，很快出離了泗州地界，這樣，後面到來的使者，也收斂了自己的行為，不敢私自勒索，而汪應軫一概以禮待之。於是，他們都譴責前面的使者，而十分讚賞汪應軫。

武宗皇帝到了南都後，又傳下聖旨，命令泗州進獻幾十名擅長歌舞的美女，這是因為宮使們懷恨汪應軫而使的報復手段。

汪應軫上奏說：「泗州的婦女沒有才藝姿色，而且最近大都逃亡了，沒有辦法應詔。只有進獻過去所招募的採桑養蠶婦女若干人，如果蒙皇上收納到宮中，使她們採桑養蠶，實在有補於王化。」武宗皇帝看了汪應軫的奏書，只好下詔泗州暫停進獻美女。

　　很多人為了討好上司不惜奴顏媚骨，唯唯諾諾，根本不考慮下屬的利益和百姓的利益。這種做法是十分錯誤的。即使在封建社會，也有人為了百姓的利益委婉的與上司「做對」，他們因此而名垂青史，永遠活在人民的心中。

不為五斗米折腰的陶淵明

　　公元三三九九年，晉安帝在位的時候，東晉的朝政越來越腐敗了，會稽郡一帶爆發了孫恩領導的農民起義。過了兩年，起義軍十幾萬逼近建康，東晉王朝出動北府兵，才把起義鎮壓下去。

　　這時候，東晉統治者的內部又亂了起來。桓溫的兒子桓玄佔領了長江上游，帶兵攻進建康，廢了晉安帝，自立為帝。過了三四個月，北府兵將領劉裕打敗桓玄，迎晉安帝復位，打那以後，東晉王朝已經名存實亡了。

　　在這個動盪不安的年代裡，在柴桑地方，有一個出名的詩人，名叫陶潛，又叫陶淵明，因為看不慣當時政治腐敗，在家鄉隱居。陶淵明的曾祖父是東晉名將陶侃，雖然做過大官，但不是士族大地主，到了陶淵明一代，家境已經很貧寒了。陶淵

明從小喜歡讀書，不想求官，家裡窮得常常揭不開鍋，但他還
是照樣讀書做詩，自得其樂。他的家門前有五株柳樹，他給自
己起個別號，叫五柳先生。

後來，陶淵明越來越窮了，靠自己耕種田地，也養不活一
家老少。親戚朋友勸他出去謀個一官半職，他沒有辦法只好答
應了。當地官府聽說陶淵明是個名將後代，又有文才，就推薦
他在劉裕手下做了個參軍。但是過不了多少日子，他就看出當
時的官員將軍互相傾軋，心裡很厭煩，又要求出去做個地方官。
上司就把他派到彭澤（在今江西省）當縣令。

當時做個縣令，官俸是不高的。陶淵明一不會搜刮，二不
懂貪污，日子過得並不富裕，但是比起他在柴桑家裡過的窮日
子，當然要好一些。再說，他覺得留在一個小縣城裡，沒有什
麼官場應酬，還比較自在。

有一天，郡裡派了一名督郵到彭澤視察。縣裡的小吏聽到
這個消息，連忙向陶淵明報告。陶淵明正在他的內室捻著鬍子
吟詩，一聽到來了督郵，十分掃興，只好勉強放下詩卷，準備
跟小吏一起去見督郵。

小吏一看他身上穿的還是便服，吃驚的說：「督郵來了，

您該換上官服,束上帶子去拜見才好,怎麼能穿著便服去呢!」

陶淵明向來看不慣那些依官仗勢、作威作福的督郵,一聽小吏說還要穿起官服行拜見禮,更受不了這種屈辱。他歎了口氣說:「我可不願為了這五斗米官俸,去向那號小人打躬作揖(文言是「不為五斗米折腰」)!」

說著,他也不去見督郵,索性把身上的印綬解下來交給小吏,辭職不幹了。

陶淵明回到柴桑老家,覺得這個亂糟糟的局面跟自己的志趣、理想距離得太遠了。從那以後,他下決心隱居過日子,空下來就寫了許多詩歌文章,來抒發自己的心情。

陶淵明不為「不為五斗米折腰」的品格成為了千古美談。

李白在一首詩中寫道:「安能摧眉折腰事權貴?使我不得開心顏。」歷史上剛直不阿、傲視權貴的人是屢見不鮮的,他們因品德高尚而備受世人尊敬。

介子推和他的母親

　　晉文公在未做國君時，逃亡在外面十七年，回國登位後第一件事，便是賞賜和他一起逃亡的功臣。獨有介子推一人，被晉文公忘記了。在逃亡期間，介子推忍饑、受凍，吃了很多苦。

　　一天下午，介子推倒在椅子上連聲歎氣。母親安慰他說：「你的功勞很大，為什麼不和國王說明，求一個官做做呢？」

　　介子推坐直身子對他母親說：「我不是想得到賞賜，而是看不慣那些小人，自以為有功就擺出一副得意洋洋的樣子，那些卑鄙的人，都想將功勞記在自己的身上，實在太可恥了，我不願意和他們在一起做事，我想回到鄉下種田，又怕您不同意我的做法。」於是，他的母親連連點頭說：「你的志向很高，不貪求功利，我太高興了。」他和母親便住到綿山去了。

　　過了一些日子，晉文公忽然想起了介子推的功勞，便叫人

到綿山去找他。可是綿山很大，又長滿了樹木，一百多個人在綿山找了三天三夜，也沒有找到介子推。當時有人建議，用火燒山，他們見了火，一定會自己跑出來。介子推和他母親藏在山內，知道晉文公派人來找他，仍不願出來。大火燒到他們身旁，介子推連忙對母親說：「我背您出去，不然就要被燒死了。」

　　他的母親睜大眼睛對他說：「你不是不願意和那些爭權奪利的小人在一起嗎？現在怎麼又怕死了呢？」

　　「不。」介子推說，「我不怕死。但為了母親，我……」

　　他的母親說：「那麼我們就死在一起吧！」

　　火熄了，樹木燒光了。大家看到介子推和他的母親合抱著一棵樹，都被燒焦了。晉文公看到後非常悲痛，為了紀念介子推，改綿山為介山，將山上所有的田，改為祭田。還下令要全國老百姓在燒山的這一天，不准起火燒飯，一律吃冷食。這是清明的前一天，我們叫做「寒食節」。

　　一個人有了高潔的品格，堅持自己的處世原則到了寧死不屈的程度，這樣的人不管在什麼時代都是值得敬仰的。

赤膽忠心的趙綽和隋文帝

　　隋文帝楊堅統一中國後，想到的第一件事就是鞏固政權。他採取了許多得力措施，使國家出現了一派興旺景象。但隋文帝有個缺點，就是火氣太大，動不動就愛發脾氣，發脾氣的時候就亂殺人。

　　這天，御林軍在街頭巡邏時抓住兩個用破損紙幣兌換合格錢幣的商人。這之前，朝廷曾三令五申，不准使用次市，兩個商人膽敢違抗聖命，這還了得。案子傳到了皇宮，喝得半醉的隋文帝聽說此事，火氣一上來。二話不說，把桌子一拍：「斬！」

　　執行問斬的命令到了大理寺少卿趙綽的手裡。他是專門辦理這類案子的，越想越不對，就馬上去見隋文帝，為兩個商人求情。隋文帝問他為什麼，趙綽回稟道：「兩個商人犯了罪，理應受罰，但法律上只規定用木板打屁股，說什麼也犯不上殺

頭之罪呀！」

　　隋文帝聽了火冒三丈的。心想，一個堂堂的天子，還受你小小的趙綽管束，笑話。他白了趙綽一眼，喃喃的說：「朕已下達了命令，你只管執行就是了，囉嗦什麼！」

　　趙綽把脖子一挺：「陛下，但你忘了，刑律也是按你的旨意制定的，怎麼能違背呢！」

　　隋文帝冷冷的說：「刑律是對的，朕現在下的命令也是對的，與你無干！」

　　「怎麼能說與我無關。」趙綽忘記了自己的身分，據理力爭，「陛下，你讓我執掌大理寺，現在碰上這件不依刑律亂殺人的事，我能不管嗎？」

　　「住口！」隋文帝氣得胸脯一起一伏，指著趙綽怒斥，「怎麼，你真想撼大樹嗎？太自不量力了。」

　　趙綽毫無懼色：「我沒敢撼大樹，也沒想撼大樹，只想規勸陛下改變主意。」

　　隋文帝鼻子裡哼了一下，袖子一拂，就退了朝。

　　趙綽回到家，心中依然不得平靜。他連夜在燈下寫了封奏章，又將刑律的部分條款認真抄寫一遍。第二天一早上朝時，

呈給了皇上。

隔了一夜，隋文帝的酒意已過，加上皇后的勸說，心裡的火氣已消了許多，頭腦也清醒了。他仔細看完了趙綽的奏章，立即下了一道聖旨，取消了殺人的命令。

趙綽手下有個叫來曠的官員，是個心懷叵測的小人。他發現隋文帝幾次流露出對趙綽的不滿情緒，背地裡給皇上上了一份奏章，說趙綽執法太寬，放了許多壞人不說，還經常跟皇上做對，這樣下去，皇上還有威望嗎？如果讓他來擔任大理寺的少卿，一定做得比趙綽好十倍。

隋文帝看了，心中怦然一動，覺得來曠說得有理，不如叫他來試試看。反正大權在自己手中，怕什麼。

來曠很快得勢了，他洋洋自得，又連續三次向皇上寫了幾份奏章，說他通過巡查瞭解，不少罪惡多端的犯人本該處死，都因為趙綽受了他們的好處，把犯人統統放了，讓他們沒得到應有的懲罰。

隋文帝看了這些奏章，心裡十分納悶。趙綽是常在他面前耍牛脾氣，但那畢竟是為朝廷的興旺啊！他瞭解趙綽，是不會做出那種事的。於是，他派人深入調查，一查便水落石出。原

來是來曠在誣陷好人。這下，皇上真的動怒了，把桌子一拍，下令將來曠處死。

執刑的任務又落到趙綽的手裡。趙綽深感不安。從個人恩怨來看，趙綽完全可以按皇上的旨意將來曠推上斷頭台，但對照刑律，來曠罪不致死。怎麼能問斬呢？

他向皇上表達了自己的意見，隋文帝瞟了瞟趙綽，心想，這個趙綽，真是越老越糊塗了。我幫你除掉仇人。你怎麼還來為他講情呢？他擺擺手打斷了趙綽，不願再聽，轉身向後宮走去。

趙綽緊跟幾步，見皇上不理他，便改口道：「陛下，我再也不講來曠的事了，另外有件急事……」

隋文帝信以為真，便叫他跟了進去。一進後宮，趙綽往地上一跪，誠懇的說道：「陛下，我犯了三條大罪啦！」

皇上一驚糊塗了，問他怎麼回事，他便侃侃而談：「第一，我身為大理寺少卿，沒管好下面的官員，致使來曠觸犯了刑律。第二，來曠並沒有犯下死罪，但陛下卻要將他處死，我沒盡到據理力爭的責任。第三，我求進後宮，用謊言騙了皇上，犯了欺君之罪！」

隋文帝笑了笑：「趙綽啊趙綽，我真拿你沒有辦法，畢竟你對皇上真是赤膽忠心！」他終於撤銷了對來曠執行死刑的命令，改判為革職流放。

品德高尚的人，不會為了自己的利益甚至生命而忘了義，不顧法，而是始終堅持原則。這樣的人即使偶爾遇到各種阻力，也是值得稱頌和效仿的。

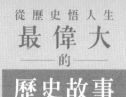

寧死不屈的文天祥

　　南宋末年，朝廷已經十分腐敗。蒙古貴族建立的元朝，舉兵南侵，把宋軍打得一敗塗地。

　　元兵一直向南宋的都城臨安（今杭州）進逼。南宋朝廷只好向全國發出文告，號召各地募集義軍，前來救應。告急文書到達江西贛州，知州文天祥立即響應，沒幾天工夫，便召集了一萬多名義軍。義軍組織起來了，但既無糧餉，又缺兵器。怎麼辦？文天祥毫不猶豫的變賣了自己的全部家產，充作軍費。他帶領義軍，向著臨安的方向前進。

　　可是，朝廷中的大臣們看到元軍勢盛，大都主張投降。元軍統帥伯顏，逼宋朝派宰相去談判。朝廷中的大臣們膽小如鼠，無人敢去。剛到都城的文天祥挺身而出，被任命為右丞相，到元軍大營去談判。

　　一見到伯顏，文天祥就嚴厲的斥責元兵的無理侵犯，接著他要求元兵後退一段路，再進行談判。

　　伯顏原以為宋朝是派人來談判投降條件的，想不到文天祥的態度竟這樣強硬。他怒氣沖沖的說：「你們宋朝已經完蛋了，快些歸順我們大元吧！」

　　「歸順？」文天祥哈哈大笑，說：「我只知道抵抗，不知道什麼叫歸順！你不要小看我們大宋，南方的廣大土地仍舊在我們大宋軍民手裡，我們是絕對不會屈服的！我勸你還是接受我的意見，撤退軍隊，好好講和，這樣，對我們雙方都有好處。」

　　伯顏氣得火冒三丈，命元兵從座位上拽起文天祥，威脅說：「是死是降，由你選擇！」

　　文天祥甩開元兵，理直氣壯的說：「我文天祥早就準備一死報國。你們要殺就殺。刀、鋸、油炸，我都不怕！」

　　伯顏無奈，只好把文天祥扣留起來，不讓他回去。

　　文天祥被扣留後，南宋小朝廷向元軍投降了。文天祥在元營裡得到這個消息，心裡痛苦極了！他曾想自殺，但轉念一想：全國廣大軍民還在繼續抗元，無論如何也要活下去，跟敵人抗爭到底！

　　有一天，文天祥乘敵人不備，在黑夜裡帶了十幾個人，渡過長江，逃到了江北。路上，文天祥聽說南宋益王在福州即位，急急忙忙又趕到福州。

　　益王讓文天祥指揮各路兵馬抗擊元兵。文天祥經過一年多的苦戰，收復了江西南部許多地方。

　　後來，元軍又一次大舉南侵。文天祥遭到大隊元兵的重重包圍。兵敗被俘後，如狼似虎的元兵硬要文天祥跪下來。文天祥直挺挺的站立著，輕蔑地對元軍統帥說：「叫我向你下跪，哼，真是異想天開！現在我被你們捉住，只有一死，要我屈服，萬萬不能！」

　　元軍統帥還不死心，叫人拿來紙筆，逼文天祥寫信勸降。文天祥提筆作了一首詩：《過零丁洋》。這首詩的最後兩句是：「人生自古誰無死，留取丹心照汗青。」

　　後來，文天祥被押到了大都（今北京）。開始時，元朝皇帝還想用軟的辦法引誘他，讓他住在豪華的房子裡，給他送來山珍海味。文天祥把送來的東西往旁邊一推，每餐都只吃一碗飯，喝幾口湯。

　　敵人惱羞成怒了，他們給文天祥戴上長枷和腳鐐，送進了

土牢。狹小的土牢，臭氣撲鼻，不見陽光。冬天冷得像冰窟，夏天熱得像蒸籠。一到晚上，成群的老鼠到處亂跑亂咬敵人的百般折磨，始終動搖不了文天祥鐵石一般的意志。在土牢的四年當中，他寫了不少充滿愛國激情的詩文，最著名的一篇，便是《正氣歌》。

最後，元朝皇帝親自出馬勸降失敗，決定殺害文天祥。第二天，大都城裡，風沙漫天飛舞，日色暗淡無光。文天祥被押到刑場時，問旁邊的人「哪一邊是南方？」有人指給他看。他整了整衣服和帽子，從容地朝南方拜了兩拜。然後，轉身對劊子手喝道：「快動手吧！」

文天祥慷慨就義了。但他寧死不屈的精神，永遠受到人民群眾的懷念和讚揚。

「人生自古誰無死，留取丹心照汗青」。一個品德高尚的人，會為了正義事業而視死如歸，義無反顧的堅持自己的理想和信念，獻出自己的寶貴生命也在所不惜，這樣的人會永遠活在人民的心中。

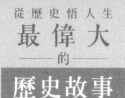

剛直不阿的抗金名將
韓世忠

　　南宋著名抗金將領韓世忠，早年束髮從戎，參加過征西夏和滅遼戰爭，戎馬倥傯，屢建奇功。壯年時起投身於抗金戰爭，英勇堅毅，戰功卓著，成為南宋威震遐邇的優秀將領。

　　南宋初年，戰火不斷，金軍大批軍馬入境，氣焰十分囂張，宋廷無心戀戰，一心想投降議和，使抗金鬥爭變得更加艱難。

　　韓世忠統領的部隊，在處於劣勢的不利情況下，歷經百戰，雖敗亦勇，給了金軍沉重的打擊。

　　建炎元年（公元一一二七年）十二金軍再攻河南，逼進汴京，韓世忠率軍參加了宗澤指揮的守汴戰役。他先到西京（今河南洛陽），與制置使翟進、統領孟士寧、巡檢使丁進等軍夜襲金軍完顏希尹的營寨於河陽（今河南孟縣南）。因金軍事前

得知了情報，宋軍偷襲失敗；繼而再戰於文家寺（今河南孟津縣南）。由於丁進等軍失約未至，統制官陳思恭以後軍先遁，宋軍全線動搖，金軍乘勝追擊，韓世忠陷入重圍，披矢如棘。幸好部將張遇率部力戰死救，韓世忠才突圍而出。

建炎二年（公元一一二八年）十一月，金軍以能征善戰的完顏宗翰任主帥，再次大舉南下，矛頭直指揚州。那時大將宗澤已死，汴京為金軍攻破，金軍得以長驅直入。

韓世忠此時率軍鎮守淮陽（今江蘇邳縣南），保護著住在揚州的宋高宗。高宗聽見金兵南下的消息，倉皇之間，泥馬渡江，逃向江南。

宗翰得知英勇的韓世忠駐軍淮陽，遂親引大軍至淮陽與韓世忠作戰，韓世忠孤軍難支，趁夜後撤。宗翰聞之，遣軍尾擊韓軍於宿遷，韓世忠大敗。部將張遇戰死，他自己收拾潰兵經鹽城從海道南下。這是韓世忠一生中最慘重的失敗。但這絲毫不能動搖他堅決抗金的決心。遭此挫折後，他仍堅定的站在主戰派這一邊。經歷了多次戰鬥，給了金軍沉重的打擊，表現出百折不撓的勇氣。

韓世忠在抗金戰爭中立下了無數奇功，但卻遭到朝廷的猜

疑，朝廷中以秦檜為首的投降派佔了上風，秦檜不斷在宋高宗面前進讒言，陷害忠良。雖然秦檜在朝中的權勢炙手可熱，韓世忠卻敢於上書，指斥秦檜誤國，詞意剴切。

　　他從不依附秦檜，仍像以往那樣秉公正直，他家裡的人都非常擔心，勸他少說。韓世忠卻回答說，明知其誤國，乃畏禍苟同，將來我死了以後去見太祖豈不要吃鐵棍嗎？

　　韓世忠這種剛直不阿的性格和品德為秦檜一夥所嫉恨，他因此處處遭到刁難和排擠。韓世忠不願隨波逐流，最後辭去官職，閒居在家。

　　韓世忠的晚年雖然過著抑鬱寡歡的隱居生活，但卻以獨善其身的方式，表現了不與賣國奸臣為伍的高尚品質。數百年過去了，大家仍銘記著他的名字；而那些曾經因依附權貴而紅極一時的人，早已被淹沒於歷史的滾滾波濤之中了。

為國殉難的顏真卿

　　唐朝的時候，有個地方官叫李希烈，為實現個人野心，發動叛亂，四處燒殺搶掠，使百姓遭難，國家也受了損失。怎麼辦呢？當朝宰相就向皇帝建議，讓太師顏真卿去勸說李希烈歸順朝廷。皇帝同意了，就讓年過七十的顏真卿去見李希烈。其實，這是那個宰相出的壞主意。因為顏真卿為人正直，不肯巴結討好，得罪了宰相。宰相明知李希烈不會歸順，卻讓顏真卿去，想借刀殺人。顏真卿也深知此去凶多吉少，但為了國家的安寧，他毫不猶豫地去了。

　　果然，李希烈見到顏真卿，立刻讓部下拔出刀，圍著他破口大罵，說要吃他的肉。顏真卿挺身屹立，怒視著叛賊。李希烈等人勸他投降，他說：「我來勸你們投降，你們反來勸我，我豈能受你們的利誘威脅。我快八十歲了，還怕死嗎？」李希

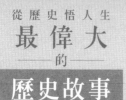

烈命人挖了坑，要活埋他。顏真卿冷笑說：「我既然敢來，就不怕死，要殺就殺！」他為自己寫好了祭文和墓誌，做好了死的準備。

過了些日子，李希烈又叫人堆上柴草，點著火，對顏真卿說：「不投降就燒死你！」顏真卿視死如歸，毫不猶豫的向火堆撲去，倒是那夥人嚇得把他拉住了。

李希烈見顏真卿軟硬不吃，決定殺了他，便派人去把他勒死了。

顏真卿就義前，仍大罵不止，表示自己為國盡忠絕不屈服的意志。這位愛國老人為國家獻出了自己的生命。

一句英國諺語說：「在人生的戰場中，唯有日日前進不屈不撓始能獲勝。」一個為了正義事業，為了民族的利益堅貞不屈的人，即使獻出自己的生命，也不算失敗，也是可歌可泣的。

寧死不說違心話的高允

　　北魏的統治者是鮮卑族拓跋部人。在東晉初年，拓跋部還是中國東北的一個遊牧部落，後來吸收了中原文化，逐步建立了封建的經濟制度。公元三八六年，鮮卑貴族拓跋建立了北魏，就是魏道武帝，魏道武帝建立北魏王朝以後，任用了一批漢族士人當他的謀士。其中最有名望的要數崔浩。

　　崔浩在北魏統一北方的戰爭中，立了很大的功勞，受到北魏三代皇帝的信任。到魏太武帝即位以後，他擔任司徒，掌握了朝政大權，還派了幾十名漢族士人，擔任各地郡守。這樣，他和鮮卑統治者之間就發生了矛盾。

　　魏太武帝派崔浩帶幾個文人編寫魏國的歷史。太武帝叮囑他們，寫國史一定要根據實錄。

　　崔浩和他的同事按照這個要求，採集了魏國上代的資料，

編寫了一本魏國的國史。皇帝要編國史的目的，本來只是留給皇室後代看的，但是崔浩手下有兩個文人，偏偏別出心裁，勸崔浩把國史刻在石碑上，讓百官看了，也可以提高崔浩的聲望。

崔浩自以為功大官高，沒有顧慮，花了大批人工和費用，把國史刻在石碑上，還把石碑豎在郊外祭天壇前的大路兩旁。

國史裡記載的是史實，但是北魏的上代文化還十分落後，有些事情在當時看來，是不體面的。過路的人看了石碑，就紛紛議論起來。北魏的鮮卑貴族認為這樣一來丟了皇族的面子，就向魏太武帝告發，說崔浩一批人寫國史，是成心揭朝廷醜事。

魏太武帝本來已經嫌崔浩太自作主張，一聽這件事，就更火大了，於是命令把寫國史的人統統抓起來查辦。

參加編寫的著作郎高允是太子的老師。太子得到這個消息，著急得不得了，把高允找到東宮（太子居住的宮），跟他說：「明天我陪你朝見皇上，如果皇上問你，你只能照我的意思答話，別的什麼也別說。」

高允不知道是怎麼回事。第二天就跟隨太子一起上朝。太子先上殿見了太武帝，說：「高允這人向來小心謹慎，而且地位比較低。國史案件全是崔浩的事，請陛下免了高允的罪吧！」

太武帝召高允進去，問他說：「國史都是崔浩寫的嗎？」

高允老老實實的回答說：「不，崔浩管的事多，只抓個綱要。具體內容，都是我和別的著作郎寫的。」

太武帝對太子說：「高允的罪比崔浩嚴重，怎能饒恕？」

太子又對魏太武帝說：「高允見了陛下，心裡害怕，就胡言亂語。我剛剛還問他來，他說是崔浩做的。」

太武帝又問高允：「是這樣的嗎？」

高允說：「我犯了罪，怎麼還敢欺騙陛下。太子剛才這樣說，不過是為了想救我的命。其實太子並沒問過我，我也沒跟他說起過這些話。」

魏太武帝看到高允這樣忠厚直率，心裡感動，對太子說：「高允死到臨頭，還不說假話，的確難能可貴。我赦免他的罪。」

魏太武帝又派人把崔浩抓來審問。崔浩嚇得面無人色，什麼也答不上。太武帝大怒，要高允起草詔書，把崔浩滿門抄斬。

高允回到官署，猶豫了半天，也沒有寫出半個字來。太武帝派人一再催問，高允說：「我要求再向皇上面奏一次。」

高允進宮對太武帝說：「我不知道崔浩還犯了什麼罪。如果僅僅是為了寫國史，觸犯朝廷，也不該判死罪。」

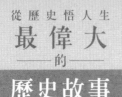

　　魏太武帝認為高允太不識好歹，吆喝一聲，叫武士把他捆綁起來。後來太子再三懇求，太武帝氣消了，才把他放了。

　　事後，太子埋怨高允說：「一個人應該見機行事。我替你告饒，你怎麼反而去觸怒皇上？我想起這件事，真有點害怕。」

　　高允說：「崔浩做這件事私心重，是有錯誤的，但是，編寫歷史，記載帝王活動，朝政得失，這並沒有錯。再說，國史是我和崔浩一起編寫的，出了事，怎能全推給他呢？殿下能救我，我是十分感激的。但是要我為了活命說違背良心的話，我是不可能的。」

　　魏太武帝到底沒有饒過崔浩，把崔浩和他的幾家親戚滿門抄斬？還有由於高允的直諫，沒有株連到更多的人？據太武帝自己說：要不是高允，他還會殺幾千個人呢！

　　在面臨生與死的緊要關頭，才能顯示一個人的真正品德。這時候能夠秉持正直的原則，堅持不說違背良心的話的人，是值得尊敬的。

陶淵明論讀書

　　晉代的大文學家陶淵明隱居田園後，某一天，有一個讀書的少年前來拜訪他，向他請教求知之道，看看能否從陶淵明這裡得到獲得知識的絕妙之法。

　　見到陶淵明，那少年說：「老先生，晚輩十分仰慕您老的學識與才華，不知您老在年輕時讀書有無妙法？若有，敬請授予晚輩，晚輩定將終生感激！」

　　陶淵明聽後，捋鬚而笑道：「天底下哪有什麼學習的妙法？只有笨法，全憑刻苦用功、持之以恆，勤學則進，怠之則退。」

　　少年似乎沒聽明白，陶淵明便拉著少年的手來到田邊，指著一棵稻秧說：「你好好的看，認真的看，看它是不是在長高？」

　　少年很是聽話，怎麼看，也沒見稻秧長高，便起身對陶淵明說：「晚輩沒看見它長高。」

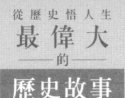
陶淵明道：「它不能長高，為何能從一棵秧苗，長到現在這等高度呢？其實，它每時每刻都在長，只是我們的肉眼無法看到罷了。讀書求知以及知識的積累，便是同一道理！天天勤於苦讀，也無法發現今天就比昨天的知識要多，但日積月累，豐富的知識就裝在自己的大腦裡了。」

說完這番話，陶淵明又指著河邊一塊大磨石問少年：「那塊磨石為什麼會有像馬鞍一樣的凹面呢？」

少年回答：「那是磨鐮刀磨的。」

陶淵明又問：「那是哪一天磨的呢？」

少年無言以對，陶淵明說：「村裡的人天天都在上面磨刀、磨鐮，日積月累，年復一年，才成為這個樣子，不可能是一天之功啊，正所謂冰凍三尺，非一日之寒！學習求知也是這樣，若不持之以恆的求知，每天都會有所虧欠的！」

少年恍然大悟，陶淵明見此子可教，又興致極好的送了少年兩句話：勤學似春起之苗，不見其增，日有所長。輟學如磨刀之石，不見其損，日有所虧。

要想真正學到一點知識，決心、信心、恆心是必不可少的。雖然各人的智力不同，基礎有別，但這只不過是前進的速度不等而已，並不等於基礎差、智力弱的人就不能到達目的地。學習猶如逆水行舟，不進則退，唯有持之以恆者，方有希望到達目的地。

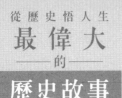
惜時苦讀的北宋歷史學家

　　在中國北宋時期，有一位著名的歷史學家，名叫劉恕。他出生在筠州（今江西高安）的一個貧窮人家，自幼就有愛學習的習慣，惜時發奮，不畏艱辛。

　　他為了鑽研各朝歷史，總是把吃飯和睡覺的時間擠到不能再少的限度。白天，他埋頭讀書時，家裡人喊他吃飯，他也捨不得放下書，直到飯菜都冷了，別人都吃完放下碗了，他還在入神的讀書，根本不覺得肚子有餓的感覺。到了夜間，他在油燈下讀書，一讀就是讀到夜深人靜時，才肯上床。

　　上床以後，他往往還在思考著古往今來各朝歷史的興衰變化，他這樣越思考，就越覺得需要弄清楚的問題越多；有時身子躺在床上，而腦子卻在通宵達旦、徹夜不眠的工作著。

　　劉恕由於生活艱難，根本沒有錢買書，因此，家中藏書少得可憐。而研究歷史又需要多讀書，熟悉各方面史實，掌握大量資料，進行比較和取捨。

　　為了彌補這個客觀上的不利條件，他只好到處求朋友借書讀。一次，劉恕得到一個學者的允許，同意他到家中去自己挑書讀。他剛一邁進書房，就被那琳琅滿目的書籍給迷住了，他先翻翻這本，又弄弄那卷，本本卷卷，都愛不釋手，恨不得一口氣把所有的書都讀完。

　　他在朋友家的日子裡，非常珍惜自己好不容易才碰到的這樣一個進書庫的機會，抓緊一切時間，邊讀邊抄。為了節省時間，他白天顧不上離開書房吃飯，晚上就在書房睡覺，除讀書抄書以外，簡直忘記了一切。

　　就這樣，劉恕在書房裡晝夜不停的閱讀和抄錄了十多天時間，直到把需要的資料都讀完抄完，才走出書庫。這時，劉恕的雙眼已經熬得通紅，身體也變得十分瘦弱，可是，他有一種從未有過的高興。因為，經過這十多天的苦讀，他的學問又有了新的長進。

　　劉恕對史學的研究，尤其對於魏晉以後各朝史實的無比熟

悉，很快揚名於整個史學界。當時朝廷大臣、著名史學家司馬光邀請劉恕與他一起修撰《資治通鑑》。等到所有參加編撰工作的人員全部到齊後，司馬光親自主持召開全體會議，他首先當眾介紹了劉恕的才學，並且通知大家，在編撰「資治通鑑」過程中，凡是遇有史實紛雜和發生爭議的時候，都由劉恕最後處理。

除此以外，為了充分利用多年辛勤積累的資料，寫出更多的歷史著作，劉恕在貧病交加的晚年，自己又獨自編寫了《通鑑外紀》、《五代十國紀年》等著作。這些著作豐富的學術內容和大量的第一手資料的運用，都是中國史學著作中較為出色的，而這些正是劉恕一生刻苦鑽研的結果。

卡內基說：「人在身處逆境時，適應環境的能力實在驚人。人可以忍受不幸，也可以戰勝不幸，因為人有著驚人的潛力，只要立志發揮它，就一定能渡過難關。」貧窮和其他客觀上的種種不利條件，不是一個傑出者放棄努力的藉口，更不會成為他透過自我奮鬥實現自我價值的障礙。

令人刮目相看的呂蒙

　　三國時的呂蒙自幼喪父，家境貧寒，母親帶著小呂蒙和他的姐姐，省吃儉用，艱難度日。為了改變窮困的境遇，十五、六歲的呂蒙就投身軍營，開始了戎馬生涯。

　　幾年的金戈鐵馬，出生入死，剛猛驍勇的呂蒙升任橫野中郎將，過著榮華富貴的生活。應該說，到這地步，呂蒙應當如願以償，心滿意足了。但這時發生了一件事，使他猛然驚醒。

　　呂蒙從小沒讀過書，大字不識幾個，凡稟報軍情都要叫人代筆。這天孫權急著催要一份關於呂蒙防區的軍務情況報告，恰巧代筆的劉文章回家奔喪去了，一時又找不到會寫文章的人，急得呂蒙團團亂轉，最後只好親自騎馬，日夜兼程趕到建業，當面去向孫權做口頭匯報。

　　孫權一看風塵僕僕的呂蒙，大吃一驚，以為前線出了什麼

大事，直到問清原由，不覺又氣又好笑，當場就開導他：「你現在身居要職，光會指揮打仗是不夠的，應當要好好讀書，增長學問才是。」

「軍務如此繁忙，哪有時間做學問？」呂蒙不以為然，脫口應道。

孫權聽了很不高興的說：「我叫你讀書，難道是想讓你當什麼專門研究經學的博士嗎？我只不過是希望你多翻翻書，多知道些歷史上的事情，好從中吸取些管理國家大事的經驗教訓。你說你事情太多，難道你比我還忙嗎？

「我年輕的時候，把《詩經》、《書經》、《禮記》、《左傳》、《國語》等書，全都閱讀過了，只是沒有讀算卦用的《易經》。

「我自從掌管國家大事以來，又閱讀了《史記》、《漢書》、《東觀記》以及各家兵書著作，我深深體會到讀書的益處。」

「像你這樣聰明，只要好好學習，就一定有很大收穫。這樣的好事，為什麼不去做呢？你應該先讀《孫子》等各家兵書，《左傳》、《國語》，以及《史記》、《漢書》、《東觀記》等，都是必須閱讀的。

　　「漢光武帝不管軍務多麼繁忙，總是手不離書；曹操也說他自己雖然上了年紀，還是不肯放棄學習。你為什麼不以這些人為榜樣來勉勵自己呢？」

　　說著，他又轉向呂蒙，「就說今天的事吧，如果你會寫文章，還用得著丟下防務，大老遠從前線跑回來嗎？」

　　孫權的一席話，深深的觸動了呂蒙，他在離開建業之時，搜集了《左傳》、《國語》、《史記》、《孫子兵法》等許多書，全帶回了軍營。從此他把戰場上的拚命衝勁又用到讀書上，無論是行軍打仗還是屯兵駐防，只要得一點空閒工夫，就坐下來讀書，連平常騎在馬上，也要反覆默背章句。幾年下來，呂蒙的才幹大有長進。

　　一天，東吳大謀士魯肅來拜訪呂蒙。魯肅以為呂蒙只不過是一介起起武夫，於是便在酒筵上大談天下事，根本不把他放在眼裡。不料呂蒙談笑風生，居然旁徵博引，一口氣提出了五條對付蜀漢的計策。聽得魯肅目瞪口呆，不由得豎起大拇指，興奮的稱道：「士別三日，當刮目相看，老弟如此才識，已不是當年吳下的小阿蒙了。」

　　呂蒙為東吳收復荆州、開拓疆土立下赫赫戰功，雖居高官

顯位,仍虛心好學,在將星燦爛的三國時代,也稱得上是文佐武功的楷模。

　　宋代蘇軾認為:「古之立大事者,不唯有超世之才,亦必有堅忍不拔之志。」意志是一個人確立自己的目的,並支配和調節其行為去實現這一目的的心理過程。

　　呂蒙年近而立之年開始識字讀書,其間艱辛可想而知,沒有堅強的意志力,就不能在戎馬生涯中從識字開始,進而短短數年就飽讀詩史,令人刮目相看。

酷愛讀書的孫中山

曾經有人問孫中山在革命之外還有沒有別的嗜好？他說：
「我一生的嗜好，除了革命之外，只有好讀書，我一天不讀書，
就不能夠生活。」

孫中山先生的手裡，經常拿著書，不論政治、經濟、歷史、
地理、自然科學、文學、哲學和各種書刊，他都喜歡閱讀。

孫中山閱讀書籍時，經常寫札記，即使再忙，書本上也要
寫眉批。陳炯明炮擊總統府後，他的書籍幾乎全部毀於炮火，
也有少量散失。一位收藏過孫中山書籍的友人說，他有一冊中
山先生讀過的《大學》，書頭上有不少中山先生的親筆批注。
由此可以看出，中山先生作為偉大的革命家和政治家，對祖國
的傳統文化是極其珍視的。

無論何時何地，孫中山身邊總帶著他心愛的書。他流亡在

英國倫敦的時候，生活十分困難。有一次吃飯的錢也快用完了，在倫敦的一些中國留學生，湊了三、四十英鎊送給他。隔了三天，這些留學生到孫中山住的地方來看他，按了很久的門鈴，卻聽不到裡面的回答，原來他在屋裡專心讀書，沒聽見門鈴聲。

即使生活再困苦，孫中山先生還是用他僅有的一些錢來買書。有盧梭的《民約論》、《富蘭克林自傳》、《拜倫詩選》，還有許多關於英國資產階級革命、法國資產階級革命的書籍。

有一個留學生有點沉不住氣問道：「孫先生，上次送給你的英鎊差不多都花在買書上了吧？」

孫中山先生微笑著說：「應該謝謝你們，你們贈送的金錢，我還留著一部分。」唯恐大家不放心，他進一步解釋：「不要緊，生活苦一點沒有什麼，兩個小麵包，也可以當一頓飯。我這個人的確有些奇怪，一兩頓飯吃不吃倒不在乎，可是，不看書就受不了啦。」

古人說：「一日不書，百事荒蕪。」人活著就是要不停地學習、工作和鬥爭，這樣才無愧於美好的人生。

魏文侯拜師

　　魏文侯當上國君以後，四處尋找人才。他聽說有個叫段干木的馬匹交易經紀人，很能幹，但就是不喜歡做官。他想，讓賢士埋沒在民間，不能發揮作用，多可惜呀！於是，魏文侯下決心請他出來幫助治理國家。

　　有一天，魏文侯帶著隨從驅車奔向段干木的住所。一到巷口，文侯就下了車，為了不驚動賢士，他屏退左右，畢恭畢敬地來到段干木的門前，輕輕地叩動門環，有禮貌的請家人進去稟告一聲，說文侯求見。

　　沒想到，段干木一聽說文侯要見自己，誤認為他也是沽名釣譽的國君，就像聽到狼來了一樣，三步並作兩步，衝到院裡，縱身一躍，跳牆逃跑了。

　　遭到這樣的冷遇，魏文侯不僅沒有灰心，反而更覺得段干

木高尚了。所以每次路過段干木的巷口，總是垂首彎腰扶軾向段干木的住所致敬。

　　時間長了，段干木的家人感到非常奇怪，於是就問道：「尊敬的國君，段干木不理睬您，您為什麼一過巷口就向他的住所致敬呢？」

　　文侯說：「段干木是一個賢能之士啊！他不追求權勢和非分的經濟利益，而且擁有卓越的才能。他深明大義，隱居在一個貧窮簡陋的小巷裡，卻聲名傳千里，我怎麼能不敬重他呢？」

　　段干木聽說後，也很受感動，魏文侯再來求見，就不迴避了。文侯請段干木出任相國，段干木不肯，文侯看段干木很堅決，就登門求教。

　　段干木坐在一把破椅子上，滔滔不絕地從治國安邦到舉賢任能的為君之道，一直講到將養生息、愛護百姓的立國之本。從烈日當午，講到夕陽西下。

　　魏文侯就像小學生聽講一樣，不敢坐下，一直肅立在段干木面前，認真體會其中的道理。站累了，腿直發麻，怕打斷老師的思路，聽不到金石之言，也不敢提出暫且回去、下次再來聽講的要求。就這樣，魏文侯拜段干木為師，一次又一次地登

門求教，吸收了不少有益的東西。魏文侯拜段干木為師，受到人們的讚揚。

　　孔子說：「三人行，必有我師。」「敏而好學，不恥下問。」我們四周處處都有一些值得一學的人。不考慮彼此社會地位的差異，善於向身邊的人學習，是不斷完善自我的有效途徑之一。

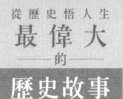

虛心好學的華佗

　　華佗是漢代著名醫學家。他精通內、外、婦、兒、針灸各科，對外科尤為擅長。

　　華佗成了名醫以後，來找他看病的人很多。一天，來了一個年輕人，請華佗給他看病，華佗看了看說：「你得的是頭風病，藥倒是有，只是沒有藥引子。」

　　「得用什麼藥作藥引子呢？」

　　「生人腦子。」病人一聽，嚇了一跳，上哪去找生人腦子呢？只好失望的回家了。

　　過了些日子，這個年輕人又找了位老醫生，老醫生問他：「你找人看過嗎？」

　　「我找華佗看過，他說要生人腦子做藥引，我沒辦法，只好不治了。」

老醫生哈哈大笑，說：「用不著找生人腦子，去找十個舊草帽，煎湯喝就行了。記住，一定要找人們戴過多年的草帽才頂事。」年輕人照著去做，果然藥到病除。

有一天，華佗又碰到這個年輕人，見他生龍活虎一般，不像有病的樣子，於是就問：「你的頭風病好啦？」

「是啊，多虧一位老先生給我治好了。」

華佗詳細地打聽了治療經過，非常敬佩那位老醫生。他想向老醫生請教，把他的經驗學來。他知道，如果老醫生知道他是華佗，肯定不會收他為徒。於是，他裝扮成一名普通人的模樣，跟那位醫生學了三年徒。

一天，老師外出了，華佗同師弟在家裡揀藥。門外來了一位肚子像籮、腿粗像斗的病人。病人聽說這兒有名醫，便跑來求治。

老師不在家，徒弟不敢隨便接待，就叫病人改天再來。病人苦苦哀求道：「求求先生，給我治一下吧！我家離這兒很遠，來一趟不容易。」

這時，華佗見病人病得很重，不能遲延，就說：「我來給你治。」

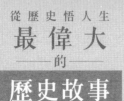

　　說著，拿出二兩砒霜交給病人說：「這是二兩砒霜，分兩次吃。可不能一次全吃了啊！」

　　病人接藥，連聲感謝。

　　病人走後，師弟埋怨道：「砒霜是毒藥，吃死了人怎麼辦？」

　　「這人得的是鼓脹病，必須以毒攻毒。」

　　「治死了誰擔當得起？」

　　華佗笑著說：「不會的，出了事我擔著。」

　　那個大肚子病人拿藥出了村外，正巧碰上老醫生回來了，病人便走上前求治。老醫生一看，說道：「你這病容易治，買二兩砒霜，勻兩次吃，一次吃有危險，快回去吧！」

　　病人一聽，說：「二兩砒霜，你徒弟拿給我了，他叫我分兩次吃。」

　　老醫生接過藥一看，果然上面寫得清楚，心想：「我這個藥方除了護國寺老道人和華佗，還有誰知道呢？我沒有傳給徒弟呀？」

　　回到家裡，問兩個徒弟：「剛才大肚子病人的藥是誰開的？」

徒弟指著華佗說：「是師兄。我說這藥有毒，他不聽，逞能。」

華佗不慌不忙的說：「師傅，這病人得的是鼓脹病，用砒霜以毒攻毒，病人吃了有益無害。」

「這是誰告訴你的？」

「護國寺老道人，我在那兒學了幾年。」

老醫生這才明白過來，他就是華佗，連忙說：「華佗啊！你怎麼到我這兒來當學徒啊？」

華佗只好說出求學的理由。

老醫生聽完華佗的話，一把抓住他的手說：「你已經名聲遠揚了，還到我這窮鄉僻壤來吃苦，真對不起你呀！」

老醫生當即把治頭風病的藥方告訴了華佗。

虛心使人進步，驕傲使人落後。一個人在生活中放低姿態，仰視別人，認真觀察和學習對方的優點，才能以人之長，補己之短，不斷增長自己的才幹。

從歷史悟人生

最偉大

—— 的 ——

歷史故事

第三章

寬容，
是最明智的
處世原則

成人之美的「大長今」

　　古代朝鮮有一個叫做長今的傳奇女子，她很小的時候就進了宮，成了御膳廚房的一名內人。長今的志願是繼承母親的遺願，成為御膳廚房的最高尚宮。

　　於是，她為實現這一願望而努力著，當別人還在睡覺的時候，她就起來了，去後山採摘各式各樣的蔬菜，然後一一品嚐，辨別。到了晚上，她總是很晚才睡覺，為了不打擾其他人休息，她總是一個人跑到月光下努力攻讀料理知識。

　　每一次，她都會碰到另外一個人，她的名字叫金英。金英和長今一樣努力，她們的願望都是當上御膳廚房的最高尚宮。只是她們彼此都不知道對方的願望而已，所以她們成了不錯的朋友。

　　御膳廚房一年一度的競賽開始了，內人們將把最好的菜餚

呈給皇上，由皇上來評比，誰的菜餚最好吃，誰就會成為御膳廚房的最高尚宮。

最有希望成功的當屬長今和金英。比賽前一天的晚上，金英約長今出來，含著淚對長今說：「我的母親快要死了，她最大的願望就是看見我當上御膳廚房的最高尚宮。我知道妳的手藝比我好，所以我懇求妳能不能讓我一把，好讓我那可憐的母親含笑九泉……」

長今是個善良的人，她不知道金英有沒有騙她，她希望她真的是為了母親，所以她決定放棄比賽，儘管這也是自己母親的願望。

長今退出比賽，結果毫無疑問，金英獲得了勝利，成了御膳廚房的最高尚宮。只是令人想不到的是，皇上不僅看上了金英的菜餚，也看上了她的人，沒多久，金英就被冊封為淑媛娘娘。金英為了感恩，就對皇上說了她是如何當上最高尚宮的事情，並建議讓長今做御膳廚房的最高尚宮。

皇上對長今的成人之美大為讚賞，不僅讓她做了最高尚宮，還封她「大長今」的稱號。

　　一個人只有豁達、開朗、寬容才能接受別人，善於與他人相處，能承認他人存在的意義和作用，他也就能被他人所理解和接受，贏得大家的喜愛和認同，為眾人所接納，就更能得到充分發揮自我的舞台和必備的資源。可以說，古今中外有許多傑出的人，正是用豁達的行為鋪平了成功的道路。

寬待冒犯自己下屬的曹操

　　三國時期曹操的大將於禁，作戰勇猛，性格直爽，為人坦蕩。公元一九七年，曹操在南陽敗於張繡，撤退途中，其嫡系青州兵軍紀混亂，搶掠民財，而大將於禁的部下則秋毫無犯。

　　一次，青州官兵搶掠財物被於禁抓住，於禁大呼：「你們身為曹公麾下官兵，如此傷天害理，上違帥意，下逆民心，豈得奪天下？」

　　豈知這伙官兵卻自恃是曹操親兵，置若罔聞。於禁一氣之下斬了其中三名軍官首級。到宿營地後，又有幾個青州官兵到於禁帳下胡鬧，聲稱於禁「乘戰亂撤退之機，斬殺統帥親兵，意欲圖謀不軌。」

　　於禁卻毫不理會，直撲曹操帳裡。

　　曹操開門見山說：「剛才有人說，你殺了我青州兵的軍官，

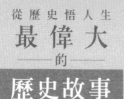

真有此事？」

於禁一怔，隨即坦然陳詞：「青州兵是您曹公一手訓育的精兵，目的在於實現您的宏圖大業，軍紀嚴明，英勇善戰，而目前一些青州官兵肆意搶劫財物，侮辱民女，如不加制止，必將有損您的形象。」

曹操頷首不語。

於禁又說：「如今天下群雄並起，更需要一支深得百姓擁戴的軍隊，才能力挫群豪，一統天下，為此我當眾斬殺了三名違紀軍官，又何罪之有？」

曹操一時讚許不已，開始轉怒為喜，並將他由伯爵升為侯爵，並將誣告於禁的軍官處死。

曹操不愧為一世梟雄，倘若他一怒之下聽信誣告，則會加罪於禁，勢必失去一員虎將，所以他寬愛有加，升其爵位。但事後，曹操又托謀士轉告於禁，遇事要多加考慮，不可輕易斬殺，否則會導致自相殘殺，屆時則會反過來處死於禁。

於禁聽後頓覺曹公寬愛之中也有嚴厲之處，於禁事後處事更加謹慎，作戰亦屢戰屢勝，更得曹操信賴。

寬容不但是做人的美德，也是一種明智的處世原則，是人
與人交往的「潤滑劑」。常有一些所謂厄運，只是因為對他人
一時的狹隘和刻薄，而在自己的前進路上自設的一塊絆腳石罷
了；而一些所謂的幸運，也是因為無意中對他人一時的恩惠和
幫助，而拓寬了自己的道路。

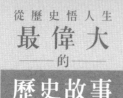

秦西巴的仁慈之心

　　一次，魯國國君孟孫帶隨從進山打獵，臣子秦西巴跟隨左右。打獵途中，孟孫活捉了一隻可愛的小鹿，他非常高興，便下令讓秦西巴先把小鹿送回宮中，以供日後玩賞。

　　秦西巴在回宮的路上，突然發現一隻大鹿緊跟在後，不停的哀號。那隻大鹿一嚎叫，這裡的小鹿便應和，那叫聲十分淒慘。秦西巴明白了，這是一對母子，他覺得心中實在不忍，於是便把小鹿放在地上。那母鹿不顧秦西巴站在旁邊對自己有什麼危險，一下衝到小鹿身邊，舔了舔小鹿的嘴，兩隻鹿便撒腿跑進林子裡，眨眼就看不見了。

　　孟孫打獵歸來，秦西巴對他說放走了小鹿，孟孫一下子火冒三丈，打獵回來的餘興一下子全都沒了，他氣得將秦西巴趕出宮門。

　　過了一年，孟孫的兒子到了唸書的年齡，孟孫要為兒子找一位好老師。

　　許多臣子都來向孟孫推薦老師，孟孫一一接見這些人，但他總覺得不是十分滿意。正當孟孫悶悶不樂的時候，他突然想起了一年前被自己趕出宮去的秦西巴，心中豁然開朗，立即命人去尋找秦西巴，並把他請回宮來，拜他為太子老師。

　　左右臣下對孟孫的做法很不理解，他們問道：「秦西巴當年自作主張，放走了大王所鍾愛的鹿，他對您是有罪的，您現在反而請他來做太子的老師，這是為什麼呢？」

　　孟孫笑了笑說：「秦西巴不但學問好，更有一顆仁慈的心。他對一隻小鹿都生憐憫之心，寧可自己獲罪也不願傷害動物的母子之情，現在請他做太子的老師，我可以放心了。」

　　秦西巴的仁慈之心，終於被國君理解。

　　愛是人類最美的語言；愛具有神奇的力量。一個充滿愛心、同情和關愛別人的人，實際上是在不知不覺中為自己鋪平了人生的道路，拓展了生存的空間。

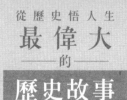

仁智的孫叔敖

　　小時候的孫叔敖就是一個好孩子，他勤奮好學，尊敬長輩，孝敬母親，很受鄰里的喜愛。

　　有一次，孫叔敖外出玩耍，忽然看到路上爬著一條雙頭蛇。他以前聽別人說，誰要是看見兩頭蛇，誰就會死去。孫叔敖乍見這條蛇，心中不免一驚。他決定馬上把這條雙頭蛇打死，不能再讓別人看見。於是他拾起路邊的大石塊，打死了雙頭蛇，並把它深深的埋起來。

　　回到家裡，孫叔敖悶悶不樂，飯也不吃，一個人坐在油燈前看書發呆。他母親看到這孩子的情緒有些不對勁，便問他道：「孩子，你今天是怎麼啦？」

　　孫叔敖抬頭看了看母親，搖搖頭說：「沒什麼。」然後低下頭去，依然無精打采。

母親伸出手，摸了摸他的額頭說：「莫不是生病了？」

孫叔敖再也憋不住了，一下抓住母親的衣袖傷心的哭了起來。媽媽感到十分詫異，問道：「孩子，你到底出了什麼事啊，哭得這麼傷心？」

孫叔敖邊哭邊說：「今天我看到了一條雙頭蛇。聽人說，看見這種蛇的人會死，要是我死了，我就再也見不到您了……」

母親邊安慰他邊問道：「那條蛇現在在哪裡呢？」

孫叔敖邊擦眼淚邊回答說：「我怕再有人看見牠也會死去，就把牠打死後，埋起來了。」

聽了孫叔敖的話，母親很感動，她高興的摸著孫叔敖的頭說：「好孩子，你做得對。你的心腸這麼好，你一定不會死的。好人總是有好報的。」孫叔敖半信半疑的看著母親，點了點頭。

後來，孫叔敖長大成人，由於他的學識品德好，做了楚國的令尹。他還沒正式上任，老百姓就已經很信賴他了。

在生活中，千萬不要只顧自己不考慮別人。肯為別人著想和奉獻的人，一定會得到別人的愛戴，減少很多麻煩和困擾。

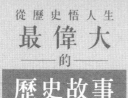

心地善良的閔子騫

　　孔子的學生閔子騫很小的時候，他的生身母親不幸去世了。父親又給他找了一個繼母。剛開始，後母對閔子騫還過得去，但自從她連生了兩個兒子以後，對閔子騫就越來越不好了。閔子騫常常受到後母的虐待。繼母對自己的兩個親生兒子可好了，有好吃的，盡偷偷的給自己生的兩個兒子吃。閔子騫不但吃不到好的，還常常吃不飽飯。

　　閔子騫是個極為孝順的孩子，他從不把自己受虐待的事跟父親說。馬馬虎虎的父親也就不知道自己的大兒子天天在受罪。

　　一年冬天，後母給自己的兩個親生兒子縫了用棉絮做的棉衣，穿在身上暖和極了。而給閔子騫穿的卻是用蘆花做的棉衣，閔子騫渾身上下凍得直打哆嗦。

　　一天，子騫的父親坐著他們兄弟三人拉著的車外出去工

作。冬天的天氣，特別冷，西北風呼呼的刮著。閔子騫的蘆花棉衣哪兒能擋住寒冷的西北風呢？他凍得臉色蒼白，手都被凍僵了，一點也使不上勁。子騫的兩個弟弟卻因為拉車趕路，身上穿得又暖和，臉上直冒熱汗，臉色紅撲撲的。

　　父親一看，弟兄三個同樣工作，弟弟們熱得直冒汗，子騫卻冷得瑟瑟發抖。父親連連誇獎兩個弟弟工作賣力，並認為子騫一定是在偷懶。父親一氣之下，竟用鞭子抽打子騫。

　　不料，那鞭子抽得太用力了，抽破了棉衣，棉衣裡的蘆花飛了出來。父親從地上拾起蘆花一看，才明白是怎麼一回事，他沉痛的責備自己：「啊，原來子騫在受凍，我做了些什麼呀！」

　　子騫連忙安慰父親：「父親別生氣，都是孩兒不好！」

　　「不，今天不工作了！」父親命令三兄弟，「都回家去！」

　　回到家中，父親把繼母叫出來，指著閔子騫身上的破蘆花棉衣說：「這是你應該做的事情嗎？你不仁不賢，讓我的子騫天天在挨凍！你怎麼配作孩子們的長輩，要你這心眼不好的婦人幹什麼呢？」閔子騫的繼母羞得滿臉通紅，連連說是自己不好，請求丈夫和孩子們的寬恕。子騫的父親在氣頭上，哪裡肯原諒，堅決要把妻子趕回娘家去。閔子騫一看，心中十分不安，

連忙跪在地上哀求父親說：「母親在您身邊，只有我一個人寒冷，如果您趕母親離去，那麼，我們弟兄三人都將變得孤苦伶仃，受苦挨凍了！那樣，不是更加糟糕嗎？」

子騫的父親聽了，歎了口氣：「唉——想不到我的子騫的心是這樣善良！」繼母的兩個兒子也苦苦哀求父親，弄得父親無可奈何，半晌說不出話。

子騫哭拜在父親面前：「父親如果不肯原諒母親，是子騫造成父親嫌棄母親，終歸都是子騫不好，子騫向父親請罪了！」

後母聽了子騫的話，羞愧極了，連連對丈夫說：「今後，我再也不會對子騫那樣了！」

子騫的父親這才重重的歎了口氣，原諒了妻子。從此以後，子騫的後母受了善良的閔子騫的感動，果然變好了，她待閔子騫比待親生兒子還要好。

生活不總是公平待人，別人也不是總能公正的對待我們。受到別人不公正待遇的之後，不要耿耿於懷、睚眥必報；豁達一些，寬容一些，你的生活空間才會變得越來越開闊。

韓信對待過去的恩怨

　　漢高祖劉邦身邊有一員大將軍名叫韓信。他出身貧困，父母早逝，每天靠討飯過日子。

　　韓信沒有別人可以依靠，只好每天到河邊去釣魚，用魚來充飢。有一天，韓信碰到一個老婆婆。老婆婆見他餓得骨瘦如柴，面無血色，便把自己的飯分一些給他吃。一連幾天，這位老婆婆每天都給韓信飯吃，韓信十分感激，便對老婆婆說：「您這樣照顧我，將來我一定要好好報答您。」老婆婆說：「我不要你報答。只希望你要努力自立啊！」

　　韓信滿臉羞愧。從此，他認真讀兵書，練習武藝，決心做個有用的人。

　　鄉里有一個惡少，在街上碰到了韓信，就大聲對他說：「看你整天舞槍弄棒，像個有膽量的人。來來來，你敢拿劍刺我嗎？

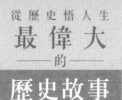

要是不敢，你就從我這胯下爬過去！」

　　韓信心想：「如果我拿劍刺他，豈不犯了殺人罪？日後還有什麼前途呢？不如寧受眼前之辱也不逞一時之勇為好。」於是，他伏在地上，從那個惡少的胯下爬了過去。周圍看熱鬧的人都哈哈大笑起來。

　　後來，韓信投奔到漢王劉邦門下，受到重用，拜為大將，並授以調兵遣將、行軍佈陣的大權。

　　韓信經過認真訓練兵馬，率領漢軍東征西討，終於打敗了最強大的對手項羽，協助劉邦建立了漢朝。

　　韓信被封為楚王，回到了故鄉，派人去找給他飯吃的老婆婆。韓信見了老婆婆，向她再三道謝，並送給她一千兩黃金。曾經侮辱過韓信的那個惡少卻嚇得直打哆嗦，韓信用手拍著他的肩膀笑著說：「你不必害怕，過去的事算了。」又對左右的將士說：「這位將士從前羞辱過我，其實是激勵我上進啊！讓他做個中尉吧！」

　　韓信念念不忘曾經幫助過自己的人，對曾欺負過自己的人，也沒有報復，而是加以原諒和提拔。他這種氣度，是值得敬佩的。

古人說：「受人點水之恩，當以湧泉相報。」得到別人的恩惠，感恩戴德是不難做到的。難以做到的是，別人曾得罪過我們，我們有能力予以報復的時候，卻要選擇以德報怨。正是因為難以做到，所以這種品行愈顯得難能可貴。

宋就促進梁楚交好

　　梁國的大夫中，有個叫宋就的，曾做邊縣的縣長。這縣和楚國相鄰接。兩國邊境哨所的邊防軍不但都種有瓜園，而且種的瓜各有定數。梁國哨所的邊防軍勤勞，每天多次灌溉他們的瓜，瓜長得很好；楚國哨所的邊防軍懶惰，很少灌溉他們的瓜，瓜長得很差。楚國哨所的邊防軍妒忌梁國哨所種的瓜比自己好，因此，晚上偷偷過去把梁國哨所的瓜抓翻，使各畦的瓜籐都有枯死的。

　　梁國的哨所發覺了，請求他們的軍尉，也要偷偷過去把楚國哨所的瓜抓翻作為報復。軍尉把這事向宋就請示。宋就說：「哦，這怎麼行呢？這是結怨惹禍的做法。人家做壞事，自己也做，去報復，見識狹隘得多厲害啊！還是讓我來教你們一個辦法：你們必須每晚派人偷偷的去為楚國邊哨的瓜園好好的灌

溉，而且還不要讓他們知道。」於是，梁國哨所每晚都偷偷地
去為楚國邊哨的瓜田灌溉。

楚國的瓜一天比一天長得好。楚國哨所覺得奇怪而加以窺
察，發現是梁國哨所做的。楚國的縣長聽到這事，高興之至，
便原原本本上報楚王。楚王知道後，覺得很慚愧，便告訴下屬
說：「問問我們去抓翻人家瓜的，是不是他們還有別的過錯？
這是梁國對我們暗中的譴責。」接著，楚王派人用豐厚的財幣
向梁國賠禮，同時要求和梁王結交。

楚王在世的時候，如果讚揚人，就以梁王作為例證。所以
梁楚交好，從宋就開始了。

別人做了壞事傷害了我們，自己也做，去報復，這是結怨
惹禍的做法。在生活中很多人的失誤與吃虧，就在於他們未學
會寬容，過於斤斤計較。受了傷害不去報復，這並不表明自己
懦弱；寬容的氣度更能展示一個人博大的胸懷。一個學會豁達、
理解、仁愛的人，才會擁有更廣闊的人生。

不與人計較的呂蒙正

　　宋太宗時期，有人上奏說在汴河從事水運工作的官吏中，有人私運官貨到其他地方賣，影響到周圍的一些人，眾人頗有微詞。聽了這話，太宗向左右說：「要將這些吸血鬼完全根除不是容易的事，就像以東西堵塞鼠洞一樣無濟於事。對此只需將有些做得過分，影響極壞的首惡分子懲辦即可。如有些官船偶有挾私行為，只要他沒有妨礙正常公務，就不必過分追究了。總之，這樣做也是為了確保官運物資的暢行無阻呀！」

　　站在一旁的宰相呂蒙正也表示贊同，他說：「水若過清則魚不留，人若過嚴則人心背。一般而言，君子都看不慣小人的所作所為，如過分追究，恐有亂生。不若寬容之，使之知禁，這樣才能使管理工作順利開展。從前，漢朝的曹參對司法與市場的管理非常慎重，他認為在處理善惡的執法量刑上應該有彈

性，要寬嚴適度。謹慎從事，必然能使惡人無所遁形。這正如聖上所言，就是在小事上不要太苛刻。」

　　呂蒙正不僅是這樣說的，也是這樣做的。他剛任宰相時，有一位官員在簾子後面指著他對別人說：「這個無名小子也配當宰相嗎？」呂蒙正假裝沒聽見，大步走了過去。其他參政為他憤憤不平，準備去查問是什麼人，敢如此膽大包天，呂蒙正知道後，急忙阻止了他們。

　　散朝後，那些參政還感到不滿，後悔剛才沒有找出那個人。呂蒙正對他們說：「如果知道了他的姓名，那麼就一輩子也忘不掉。這樣的話，耿耿於懷，多麼不好啊！所以千萬不要去查問此人姓甚名誰。其實，不知道他是誰，對我並沒有什麼損失呀！」當時的人都佩服他的大肚量。

　　做人做事還是寬容些好。寬容和豁達是聯繫社會的金鏈，只有寬容才能讓所有的人和諧共處。在生活中，一定要讓自己豁達些，因為豁達的人才不至於鑽牛角尖，也才能讓自己不斷進步。

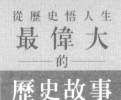

居功自傲的年羹堯

　　清朝的年羹堯早期仕途一路順暢，一七〇〇年考中進士，入朝做官，陞遷很快，不到十年已成為重要的地方大員——四川省長官。這個時期是清朝西北邊疆多戰事的時期。當時康熙重用年羹堯，就是希望他能平定與四川接近的西藏、青海等地叛亂。年羹堯也沒有讓康熙失望。

　　在一七一八年參與平定西藏叛亂的過程中，年羹堯表現出了非凡才能。他當時負責清軍的後勤保障工作，他熟悉西藏邊疆的情況，與清軍中滿族、漢族將領的關係都很不錯；雖然運送糧餉的道路十分艱險，但是在年羹堯的努力下，清朝大軍的糧餉供應始終是充足的，從而為取勝創造了條件。因此，第二年年羹堯就被康熙皇帝晉陞為四川、陝西兩省的長官，成為清朝在西北最重要的官員。

這一年九月，青海地區又出現叛亂。這一次朝廷任命年羹堯為主帥前去鎮壓。出兵前，年羹堯突然下令：「明天出發前，每個士兵都必須帶上一塊木板，一束乾草。」將士們都不明白這是為什麼，又不敢問。

第二天進入青海境內，遇到了大面積的沼澤地，隊伍難以通過。這時年羹堯下令將乾草扔進沼澤泥坑中，上面鋪上木板，這樣，軍隊就順利而快速的通過了沼澤。這沼澤本是反叛軍隊依賴的一大天險，認為清軍不可能穿過沼澤，哪想到突然之間年羹堯的大軍已經出現在他們面前，一時驚慌失措，很快就被打敗。

又一次，夜晚宿營，半夜時突然一陣風從西邊吹來，很快便停了。年羹堯發覺後立刻叫來手下將軍，命令他帶上幾百名精銳騎兵，飛速趕往軍營西南的密林中捕殺埋伏的敵人。手下來不及多想，帶上兵馬就去了，果然在密林中發現埋伏的敵人，便將他們全部殲滅了。

手下百思不得其解，問他是如何知道密林中有伏兵，年羹堯笑笑的說：「那風一陣子就突然沒了，應該不是風而是鳥飛過的聲音。半夜鳥不應該飛出來，一定是受到了人的驚嚇。西

南十里外密林中鳥很多，所以我料定敵人在那裡埋伏。」手下聽了不由暗暗起敬，年羹堯之多謀善斷、能征善戰可見一斑。

由於年羹堯從小曾在雍正家裡待過，因而一直視雍正為他的主人，而雍正能成為皇帝，年羹堯也立下過汗馬功勞，因而即位後的雍正更加信任年羹堯。西北地區的軍事民政全部由年羹堯一人負責，在官員任命上雍正也常聽年羹堯的意見。雍正不僅對年羹堯本人而且對他全家也很關照，年家大大小小基本都受過雍正封賞。

但是，隨著權力的日益擴大，年羹堯以功臣自居，變得目中無人。一次他回北京，京城的王公大臣都到郊外去迎接他，他對這些人看都不看，顯得很無禮。他對雍正有時也不恭敬，一次在軍中接到雍正的詔令，按理應擺上香案跪下接令，但他就隨便一接了事，令雍正很氣憤。此外，他還大肆接受賄賂，隨便任用官員，擾亂了國家秩序。他一出門威風凜凜不算，他家一個教書先生回江蘇老家一趟，江蘇一省長官都要到郊外去迎接。雍正漸漸對他忍無可忍。

一七二六年初，年羹堯給雍正進賀詞時，竟把話寫錯，讚揚的語言成了詛咒的話，雍正便以此為藉口，抓了年羹堯，此

後又羅列了多條罪狀，將他徹底打倒。最後雍正令年羹堯自殺。

　　老子在《道德經》中指出，最完善的人所具備的上等的德行，就像水一樣。水的特點是能夠滋潤萬物，使它們盡情生長，而又不與萬物爭功奪利，始終保持著平靜。

　　水的行為方式很值得我們學習，當它流動遇到阻礙時，它會迂迴百轉繼續前進，這就是曲則全，也是謙虛容忍的美德。我們應學習水的這種與世無爭的寬容，學習水這種滋潤萬物而不圖回報、功成而不倨傲的謙虛品德。

自遣其咎的宋朝名將

　　宋朝名將狄青任樞密使的時候，自恃有功，十分的驕橫傲慢，得罪了一些人。當時文彥博執掌國事，建議皇上調狄青出京作兩鎮節度使。

　　狄青不服，向皇上陳述自己的想法說：「我沒功，怎麼能接受節度使的任命？我沒有犯罪，為什麼要把我調離京城呢？」皇上宋仁宗覺得他說的有些道理，就沒有再怎麼樣，而且稱讚狄青是個忠臣。

　　文彥博對仁宗說：「太祖不也是周世宗的忠臣嗎？太祖得了軍心；就有了陳橋兵變。」

　　仁宗聽了這番話，嘴上什麼也沒說，但同意了文彥博的意見。狄青對此毫無所知，就又到呂書省去為自己辯解，仗著自己的軍功，還是不想去當節度使。

文彥博則對他說：「讓你出去當節度使沒有別的原因，是朝廷懷疑你了。」狄青一聽此話後退數步，驚恐不安，只好出京。

朝廷每月兩次派使者去探望他。只要一聽說朝廷派人來了，狄青就恐懼不已，不到半年，就因病身亡了。

這些都是因為狄青自恃有功、驕橫傲慢所造成的惡果。

古人說：「金玉滿堂，莫之能守。富貴而驕，自遣其咎。」（意思是說，金玉滿堂，沒有人能夠把守住。富貴而驕奢，便會自食其果。）驕傲不忍是難以成大事的。對於領導者來說，只有忍驕，不自以為是，要謙恭待人，禮賢下士，才能獲得他人的支持和擁護。即使普通人，驕傲和自以為是也會眾叛親離，難以成事。只有謙虛、聽勸、忍耐驕矜之情的增長，謙和對人，才能無往而不勝。謙受益，驕致敗，可謂千古一理。

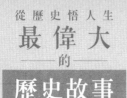

驕傲自大的關羽

　　赤壁之戰後，劉備佔領了荊州，又奪取了巴蜀，形成了魏、蜀、吳三足鼎立的局面。當時關羽留守荊州，時時有吞併東吳的野心，又自恃自己武藝高強、兵強馬壯，連連向北邊的曹操發動進攻。這完全破壞了劉備當年東聯東吳、北拒曹操的戰略。

　　魯肅在世時，以大局為重，主張聯合西蜀，蜀吳之間雖然也有一些戰爭，但為了對抗魏國，關係仍然十分緊密。魯肅死後，由呂蒙接替了他的職務。孫權把魯肅的手下全調給他統領，並封他為漢昌太守。

　　呂蒙的轄地正好與關羽的守地相連，呂蒙深知關羽英雄蓋世，又有吞併東吳的野心，而且他又佔據了吳國的上游，這樣分而治之的形勢不能長久。當時孫劉聯合是為了抗抵北部強大的曹操。而現在，西蜀逐漸強大了，三國相互吞併已成事實。

於是，呂蒙便上書孫權：「我們應該先奪荊州地盤，再派征虜將軍孫皎守衛南郡，潘璋守住白帝城，蔣欽率領遊兵萬人，巡行長江中下游，哪裡有敵人就在哪裡對付。我再帶兵北上佔據襄陽，那時就完全控制了長江，聲勢就更大了，還怕他曹操和關羽嗎？」

孫權說：「關羽把守荊州，士氣很盛，為什麼不攻打曹操的徐州呢？」

呂蒙說：「現在曹操在河北與袁熙、袁尚等人作戰，無暇東顧。徐州境內的守兵不足掛齒，一去就可以攻克。但是那裡的地形是個四通八達的平原，易攻難守。你今天取得徐州，但卻要用七八萬人馬守衛它。何苦呢？還不如乘機奪取關羽的地盤。」

孫權便接受了他的建議，為了奪取荊州，孫權首先派使者去向關羽提出要結親，娶關羽的女兒為兒媳，卻被關羽一口回絕，他認為自己兵多將勇，可以抗抵孫權，北伐曹操。很快，他便帶兵攻打曹操的樊城，但又怕東吳乘虛而入，奪他的荊州，所以留下重兵把守各個要塞，並在三十里或五十里的高地之上置烽火台，直到他的前線營地，便於聯絡。

　　呂蒙見關羽防守嚴密，為了麻痺關羽，解除他的後顧之憂，便上書孫權說：「關羽兵伐樊城，留下重兵把守要塞，是害怕我奪他的後方地盤。我想以生病為由，分一部分士兵回建業。關羽只怕我，若聽說我走了，一定會撤出防守的兵力，全力增援作戰部隊。這樣我們就可以乘他們毫無準備時突然進襲，那麼南郡就可以攻下，關羽也就能捉住。」

　　孫權問他：「那誰代替你呢？」

　　呂蒙說：「陸遜才智廣博，有學有識，他可以承擔這個重任。而且他並不出名，關羽一定不會將他看在眼裡。這樣，我們就有機可乘了。」

　　孫權便讓他回來治病，派陸遜去接替呂蒙職務，陸遜上任後，立即寫信給關羽，一方面吹捧關羽，另一方面表白自己的年輕無能，藉以麻痺關羽，這讓他更加驕傲了。關羽並不把陸遜放在眼裡，也完全相信呂蒙是回去治病了，因而把兵力全都調去增援樊城。頓時，關羽的後方兵力空虛。陸遜馬上把這種情況及時報告了孫權，孫權便派呂蒙馬上出兵。

　　由於關羽有烽火台相互聯絡，呂蒙認為出兵必須十分隱密，不能讓關羽得到消息，以防關羽軍隊回撤，自己無功而返。

他想了一個方法，把自己的精兵全部安排在大船中扮作商人的樣子，讓士兵穿著白衣，扮成老百姓搖櫓，日夜不停的趕到了目的地。

關羽仍然毫不知情，還在樊城酣戰。而這時，呂蒙的白衣戰士已突然來到了關羽的要塞，在他們還來不及抵抗的時候就佔領了關羽設置的烽火台，把駐軍和探子全都給抓起來了。

呂蒙的大軍又直奔南郡，當時守公安的將領傅士仁和守江陵的南郡太守麋芳全部投降了。呂蒙佔領了荊州後，對關羽及其將士的家屬一律加以撫慰，並禁止軍中士兵到各家各戶中去搶劫財物。呂蒙這樣收買人心，在一定程度上瓦解了關羽部隊的軍心。在關羽得到消息後，回撤荊州時，半路上不少士兵都紛紛逃了回去。

關羽回來後，與呂蒙交戰幾次，都未能取勝，深感自己孤立無援，已到了絕境，就向麥城逃跑。在西奔漳鄉時，士兵都拋棄了關羽，不再跟他而投降了孫權。關羽只有十餘騎親兵跟隨。孫權派朱然、潘璋截斷了關羽的去路，關羽父子都被抓住，最後被殺。

關羽之所以會敗北，一個重要的原因是他狂妄自大，自以

為是。陸遜接替呂蒙後，給他猛灌「迷魂湯」，他竟然還真聽
進去了，有飄飄之然，還覺得陸遜年輕膽小，根本沒有把他放
在眼裡，也就沒有了後顧之憂。於是，他竟放心大膽的撤走他
佈置在各關卡的重兵。這是他最大的錯誤，否則荊州也不會被
呂蒙那麼輕易的拿下。

　　謙虛謹慎永遠是一個人建功立業的前提和基礎。不論你從
事何種職業，擔任什麼職務，只有謙虛謹慎，才能保持不斷進
取的精神，才能增長更多的知識和才幹。因為謙虛謹慎的品格
能夠幫助你看到自己的差距。

　　永不自滿，不斷前進可以使人能冷靜的傾聽他人的意見和
批評，謹慎從事。否則，驕傲自大，滿足現狀，停步不前，主
觀武斷，輕者使工作受到損失，重者則會使事業半途而廢。

見識短淺的夜郎人

　　秦漢時代，中國西南地區居住著許多部落。漢初，由於朝廷忙著平定內亂和對付北方匈奴的侵犯，沒有餘力顧及到遙遠的西南地區，而西南的部落也從不知道外面的世界，這些部落都很小，他們散住在山中、林間。其中有一支名為「夜郎」的部落，算是裡面最大的。夜郎部落有個首領名叫多同，在他眼裡，夜郎就是天底下最大的國家。一天，他騎馬帶著隨從出外巡遊，他們來到一片平坦的土地上，多同揚鞭指著前方說：「你們看！這一望無邊的疆土，都是我的，有哪一國能比它大呢？」

　　跟隨一旁的僕從連忙獻媚說：「大王您說得很對，天下還有哪一國比夜郎更大呢！」多同心裡沾沾自喜。

　　他們又來到一大片高山前，多同仰起頭，看著巍峨的高山說：「天底下還找得到比這更高的山嗎？」

　　隨從應和：「當然找不到，天底下哪有比夜郎更高的山！」

　　後來，他們來到一條江邊，多同跳下馬來，指著滔滔江水說：「你們看，這條江又寬又長，這是世界上最長最大的河了。」

　　隨從們都同意，齊聲說：「那是肯定的。我們夜郎是天下最大的國家。」這次出遊以後，夜郎國的人更加自大起來。

　　漢武帝時候，武帝派使者出使印度，經過夜郎國。

　　夜郎的首領多同從沒去過中原，於是他派人將漢朝使者請進部落帳中。多同問漢朝使者說：「漢和夜郎相比，哪個大些？」

　　漢使者聽了多同的問話，不禁哈哈大笑起來，他回答說：「夜郎和漢完全不能相比。漢朝的州郡就有好幾十個，而夜郎的全部地盤還抵不上漢朝一個郡的地盤。你看，哪一個大呢？」

　　多同一聽，不禁目瞪口呆，滿臉羞愧。

　　「夜郎自大」是兩千多年前的人們創造的一個成語。意在嘲諷夜郎人孤陋寡聞，狂妄自大，以區區彈丸之地竟敢與漢比大小，實在是可笑得很。現實生活中也是這樣的：見識愈短淺的人反而愈盲目自大；而見識越廣的人越懂得謙虛。

鄒忌面對別人的恭維

　　齊國的相國鄒忌長得相貌堂堂，身高八尺，十分英俊，與鄒忌同住一城的徐公也長得一表人才，是齊國有名的美男子。

　　一天早晨，鄒忌起床後，穿好衣服、戴好帽子，信步走到鏡子面前端詳全身的裝束和模樣，他覺得自己長得的確高人一等，於是隨口問妻子：「我跟城北的徐公比起來，誰更俊俏？」

　　他的妻子走上前去，一邊幫他整理衣襟，一邊回答說：「您長得多俊俏啊，那徐先生怎能跟您比呢？」鄒忌心裡不大相信，因為住在城北的徐公是大家公認的美男子，自己恐怕還比不上他，所以他又問他的妾：「我和城北徐公相比，誰更俊俏呢？」

　　他的妾連忙說：「大人您俊俏多了，他哪能和大人相比？」

　　第二天，有位客人來訪，鄒忌陪他坐著聊天，想起昨天的事，就順便又問客人說：「您看我和城北徐公相比，誰更俊俏？」

　　客人毫不猶豫說：「徐公當然比不上您，您可比他俊俏。」

　　鄒忌如此作了三次調查，大家一致都認為他比徐公俊俏，可是鄒忌並沒有就此沾沾自喜、認為自己真的比徐公俊俏。

　　恰巧過了一天，城北徐公到鄒忌家登門拜訪。鄒忌第一眼就被徐公那氣宇軒昂、光彩照人的形象給怔住了，兩人交談時，鄒忌不住打量徐公，他自覺自己長得不如徐公，他偷偷從鏡子裡面看自己，再回過頭來瞧瞧徐公，覺得自己比徐公要差一些。

　　晚上，鄒忌躺在床上，反覆地思考著這件事，既然自己長得不如徐公，為什麼妻、妾和那個客人卻都說自己比徐公俊俏呢？想到最後，他總算找到了問題的結論。鄒忌自言自語的說：「原來這些人都是在恭維我啊！妻子說我俊俏，是因為偏愛我；妾說我俊俏，是因為害怕我；客人說我俊俏，是因為有求於我。看起來，我是受了身邊人的恭維讚揚而認不清真正的自我了。」

　　忘乎所以是處在順境之中的很多人常犯的錯誤。在別人的一片讚揚聲中，一定要保持清醒的頭腦，要有自知之明，正確評價自己的能力和品行。

亞歷山大大帝和傲慢的少校

亞歷山大大帝騎馬旅行到俄國西部。一天，他來到一家鄉鎮小客棧，為進一步瞭解民情，他決定徒步旅行。當他穿著沒有任何軍銜標誌的平紋布衣走到了一個三岔路口時，記不清回客棧的路了。

亞歷山大無意中看見有個軍人站在一家旅館門口，於是他走上去問道：「朋友，你能告訴我去客棧的路嗎？」

那軍人叼著一根大菸斗，頭一轉，高傲的把這身著平紋布衣的旅行者上下打量一番，傲慢的答道：「朝右走！」

「謝謝！」大帝又問道，「請問離客棧還有多遠？」

「一英里。」那軍人冷冷的說，並瞥了陌生人一眼。

大帝轉身道別剛走出幾步又停住了，回來微笑著說：「請

原諒，我可以再問你一個問題嗎？如果你允許我問的話，請問你的軍銜是什麼？」

軍人猛吸了一口菸說：「你猜嘛！」

大帝風趣的說：「中尉？」

那菸鬼的嘴唇動了一下，意思是說不止中尉。

「上尉？」

菸鬼擺出一副很了下起的樣子說：「還要高些。」

「那麼，你是少校？」

「是的！」他高傲的回答。於是，大帝敬佩的向他敬了禮。

少校轉過身來擺出對下級說話的高貴氣息，問道：「假如你不介意，請問你是什麼官？」

大帝笑呵呵的回答：「你猜！」

「中尉？」

大帝搖頭說：「不是。」

「上尉？」

「也不是！」

少校走近仔細看了看說：「那麼你也是少校？」

大帝鎮靜的說：「繼續猜！」

少校取下菸斗，那副高貴的氣息一下子消失了。他用十分尊敬的語氣低聲說：「那麼，你是部長或將軍？」

「快猜著了。」大帝說。

「殿……殿下是陸軍元帥嗎？」少校結結巴巴的說。

大帝說：「我的少校，再猜一次吧！」

「皇帝陛下！」少校的菸斗從手中一下掉到了地上，馬上跪在大帝面前，忙不迭的喊道：「陛下，饒恕我！陛下，饒恕我！」

「饒你什麼？朋友。」大帝笑著說，「你又沒傷害我，我向你問路，你告訴了我，我應該謝謝你才是呢！」

不管擁有什麼樣的社會地位，為人處世都要永遠謙虛。這告誡我們一方面要謙卑的對待別人，不可趾高氣揚；另一方面，當別人自覺高高在上、甚至冒犯我們的時候，我們要豁達寬容些。

喜歡與人唱反調的倔叔

　　倔叔是一個很固執的人。他總覺得自己是對的，喜歡和別人唱反調。他原先在龜山的北面種田，把水稻種在乾旱的山坡上，把高粱種在山腳下又低又潮濕的地方。他的好朋友對他說：「水稻喜歡潮濕，應該種在山腳下；高粱耐乾旱，應該種在山坡上。你現在正好相反。違反了它們的生長習性，是得不到好收成的。」

　　倔叔不聽朋友的話，結果種了十年的田，家裡總是連飯都吃不飽。他這才注意看朋友是怎麼種田的，他發現朋友把水稻種在濕的地方，把高粱種在乾燥的地方，果然能豐收。於是，他向朋友道歉說：「以前是我錯了，早聽你的話就好了。」

　　後來，他到一個叫汶上的地方去做生意。他想，以前吃虧就吃在不和別人一樣，現在別人怎麼做，我就怎麼做。於是，

看到別人進什麼貨，他也去搶購；看到別人賣什麼，他也賣什麼。朋友又來勸他說：「你總是跟在別人後面學是不行的，因為那樣畢竟比別人晚了一步，等你進了同樣的貨，市場上這樣的貨已經很多了，你的貨就很難賣出去。會做生意的人要進別人暫時不爭不搶的貨，這樣，等到機會來了，就能賺大錢。」

倔叔不聽，又過了十年，他已經窮得連做生意的本錢也沒有了。這時他回頭想想十年前朋友說的話，又去向朋友道歉說：「你說得有道理，我真後悔不聽你的話。」

後來，倔叔和朋友各自駕著漁船去東海捕魚，船開到一個大漩渦附近時，朋友對他喊：「不能再往前了，前面是大漩渦，再往前就出不來了！」

倔叔認為前面魚多，就沒有聽朋友的話，繼續向前駛去，結果他的船被捲進巨大的漩渦中，一遍又一遍的轉圈。就這樣，他的船在漩渦中一轉就是十年。好在漩渦中魚很多，他就靠吃生魚喝雨水勉強活著。直到有一天，海裡像山一樣大的魚變成巨大的大鵬時，激起了沖天的巨浪，才把他的船帶出漩渦。他回到家時，頭髮全白了，身體枯瘦得像一根蠟燭，親朋好友沒有一個人能認出他來。他再次找到朋友，深深的拜了兩拜，用

手指著天說：「我以前太固執了，現在，請太陽作證，我這一次一定痛改前非！」

朋友笑著說：「你已經老了，青春年華已經過去了，再悔改又有多大的用呢？」

俗話說：「聽君一席話，勝讀十年書。」在生活中不能沒有自己的思想，不能沒有主見，但是也要虛心聽取別人的意見。這樣才能避免錯誤，少走冤枉路。

朱元璋和過去的夥伴

　　明代開國皇帝朱元璋，出身貧寒，少年時就放牛，給有錢人家打工，甚至一度還為了果腹而出家為僧。但朱元璋卻胸有大志，風雲際會，終於成就一代霸業。

　　朱元璋當了皇帝以後，有一天，他兒時的一位窮夥伴來京求見。朱元璋很想見見舊日的老朋友，但又怕他講出什麼不中聽的話來。猶豫再三，總不能讓人說自己富貴了不念舊情吧，他還是讓傳了進來。

　　那人一進大殿，即大禮下拜，高呼萬歲，說：「我主萬歲，當年微臣隨駕掃蕩廬州府，打破罐州城。湯元帥在逃，拿住豆將軍，紅孩子當兵，多虧菜將軍。」

　　朱元璋聽他說得動聽含蓄，心裡很高興，回想起當年大家，飢寒交迫時有福同享、有難同當的情形，心情很激動，立即重

重封賞了這個老朋友。

消息傳出，另一個當年一塊放牛的夥伴也找上門來了，見到朱元璋，他高興極了，生怕皇帝忘了自己，比手畫腳的在金殿上說道：「我主萬歲！你不記得了嗎？那時候咱倆都給人家放牛，有一次，我們把偷來的豆子放在瓦罐裡煮著吃，還沒等煮熟，大家就搶著吃，把罐子都打破了，撒下一地的豆子，湯都潑在泥地裡，你只顧從地下抓豆子吃，結果把紅草根卡在喉嚨裡，還是我出的主意，叫你用一把青菜吞下，才把那紅草根帶進肚子裡。」

當著文武百官的面，「真命天子」朱元璋又氣又惱，哭笑不得，只有喝令左右：「哪裡來的瘋子，來人，快把他拖出去砍了！」

在社交場合中，少說多聽是一條永恆的守則。侃侃而談不見得能給自己增添光彩，更不能說明自己有學問，相反的可能會給自己帶來言而不實、賣弄自己的惡名。自己的腦袋一定要管住自己的嘴巴，說話一定要經過思考，才能長久的擁有快樂。

因言多而壞事的父子

　　南北朝時，賀若敦為晉的大將，自以為功高才大，不甘心居於同僚們之下，看到別人做了大將軍，唯獨自己沒有被晉陞，心中不服氣，言語中多有抱怨之詞，決心要好好的立一次功。

　　不久，他奉調參加討伐平湘州戰役，打了個勝仗之後，全軍凱旋，他自以為此次必然會受到封賞，不料由於種種原因，反而被撤掉了原來的職務，為此他大為不滿，對外大發怨言。

　　晉公宇文護聽了後，十分震怒，把他從中州刺史任上調回來，迫使他自殺。臨死之前他對兒子賀若弼說：「我有志平定江南，為國效力，而今未能實現，你一定要繼承我的遺志。我是因為這舌頭把命都丟了，這個教訓你不能不記住呀！」說完便拿起錐子，狠狠刺破了兒子的舌頭，想讓他記住這血的教訓。

　　轉眼幾十年過去了，賀若弼也做了隋朝的右領大將軍，他

　　沒有記住父親的教訓，常為自己官位比他人低而怨聲不斷，自認為當個宰相也是應該的。不久，還不如他的楊素卻做了尚書右僕射，而他仍未被提拔，不滿的情緒和怨言便時常流露出來。

　　後來一些話傳到了皇帝耳朵裡，賀若弼被逮捕下獄。皇帝楊堅責備他說：「你這個人有三太猛：嫉妒心太猛；自以為是，自以為別人不是的心太猛；隨口胡說目無長官的心太猛。」因為他有功，不久也就放了。但他仍未記取教訓，又對其他人誇耀他和皇太子之間的關係，說：「皇太子楊勇跟我之間，情誼深切，連高度的機密，也都對我附耳相告，言無不盡。」

　　後來楊勇在隋文帝那裡失勢，楊廣取而代之為皇太子，賀若弼的處境可想而知。隋文帝得知他又在那裡大放厥詞，就把他召來說：「我用高穎、楊素為宰相，你多次在眾人面前放肆的說『這兩個人只會吃飯，什麼也不會做，這是什麼意思？』言外之意是我這個皇帝也是廢物不成？」

　　這時因賀若弼言語不慎，得罪了不少人，朝中一些公卿大臣怕受株連，都揭發他過去說的那些對朝廷不滿的話，並聲稱他罪當處死。隋文帝見了，對賀若弼說：「大臣們對你都十分的厭煩，要求嚴格執行法度，你自己尋思可有活命的道理？」

　　賀若弼辯解說：「我曾憑陛下神威，率八千兵渡長江活捉了陳叔寶，希望能看在過去的功勞的分上，給我留條活命吧！」

　　隋文帝說：「你將出征陳國時，對高頻說：『陳叔寶被削平，問題是我們這些功臣會不會飛鳥盡，良弓藏？』高頻對你說：『我向你保證，皇上絕對不會這樣。』是吧？等到消滅了陳叔寶，你就要求當內史，又要求當僕射。這一切功勞過去我已格外重賞了，何必再提呢？」

　　賀若弼說：「我確實蒙受陛下格外的重賞，今天還希望格外的賞我活命。」此後他再也不攻擊別人。隋文帝考慮了一些日子，念他勞苦功高，只把他的官職撤銷。父子兩代人，同樣因言多而壞事，所以要忍那些不該講的話，以免招來禍端。

　　在生活中，常常可以看見一些說話不分場合的人，這樣的人不知道有些是可以公開談，有些是只能私下說。他們通常都是好人，沒有心機。但是常常會引起始料不及的後果，給自己帶來傷害。在任何場合下，都不要忘了考慮這樣一個問題：什麼可以說，什麼不能說。

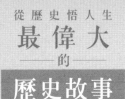

孔子和兩個辯論的小孩

　　孔子是春秋時期的魯國人，他姓孔名丘，字仲尼，是中國古代著名的思想家、教育家。

　　有一次，孔子到齊國去，在路上看見兩個小孩正在辯論問題。孔子看了，覺得挺有趣的，就對跟在身後的學生子路說：「咱們過去聽聽看孩子們在辯論什麼，好不好？」子路撇了撇嘴說：「兩個黃毛小子能說出什麼正經話來？」

　　「掌握知識是不分年齡大小的。有時候，小孩子講出的道理，遠比那些愚蠢自負的成年人要強得多呢！」子路一下子紅了臉，不敢說什麼。

　　孔子走上前去和藹的說：「我叫孔丘，看見你們爭辯得這麼熱烈，也想參加進來，你們看可不可以呀？」

　　「噢，原來你就是那個孔夫子呀，聽說你很有學問。好吧，

就請你來給我們評一評，看誰說得對！」兩個孩子說。

孔子笑著說：「別急，一個一個慢慢講。」

一個孩子說：「我們在爭論太陽什麼時候離我們最近。我說早上近，他說中午近。你說說看是誰對呢？」孔子認真的想了一會兒說：「這個問題我過去沒有思考過，不敢隨便亂講，還是先請你們把各自的理由講一講吧！」

一個孩子搶著說：「你看，早上的太陽又大又圓，但到了中午，太陽就變小了。誰都知道：近的東西大，遠的東西小。」

另一個孩子接著說：「他說的不對，早上的太陽涼颼颼的，一點也不熱，但中午的太陽卻像開水一樣燙人，這不就證明中午的太陽近嗎？」

說完，兩個孩子一起看著孔子，說：「你來評評誰對呢？」

這下可把孔子難倒了，他反覆想了半天，還是覺得兩個孩子各自都有道理，實在分不清誰對誰錯。於是，他老老實實的承認：「這個問題我回答不了，以後我向更有學問的人請教之後，再來回答你們吧！」

兩個孩子聽後哈哈大笑：「人家都說孔夫子是個聖人，原來你也有回答不了的問題呀！」說完就轉身跑走了。

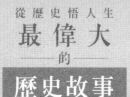

子路很不服氣的說：「您應該隨便講點什麼，把他們給鎮住。」

孔子說：「不，如果不老老實實承認自己不懂，怎麼能聽到這番有趣的道理。在學習上，我們知道的就說知道，不知道的就說不知道。只有抱著這種誠實的態度，才能學到真正的知識。」

孔子被尊為聖人，除了因為他擁有博大的學問之外，和他嚴格要求自己、奉行誠實的原則也是分不開的。

「知之為知之，不知為不知」，誠實的面對自己，以誠實的態度去面對別人，正是儒家思想精髓的一部份。這也是我們現代人為人處世所應抱持的正確態度。

「迷途知返」的周處

周處是晉朝義興縣人。他在年輕的時候，脾氣粗暴，好惹是生非，經常與人打架鬥毆，危害鄉里，被當地人們視為禍害。

那時候，在義興縣境內的大河裡出現了一條蛟龍，同時在義興縣山裡又有隻斑額吊睛的猛虎，它們都時常在河裡、在山上侵害老百姓。當地人們都把周處與蛟龍、猛虎一起看做是「三個禍害」，而這「三個禍害」中又以周處更加厲害。為了除掉侵害老百姓的禍害，曾經有人勸說周處上山去殺死那隻斑額吊睛猛虎，到河裡去斬除那條危及鄉里的蛟龍。

周處聽人勸說後，立即上山去殺死了斑額吊睛猛虎，接著又下山來到有蛟龍作惡的河邊。當蛟龍露出水面準備向他撲過來的那一剎那間，說時遲，那時快，周處轉眼間便跳下河去舉起手中鋒利的砍刀，向作惡多端的蛟龍頭上砍去。那蛟龍為了

躲避周處的刺殺，時而浮出水面，時而沉入水底，在大河裡游了幾十里路遠。周處一直緊緊的跟著它，同樣是時而浮出水面，時而沉入水底。就這樣，三天三夜過去了，地方上的人都認為周處已經死了。人們都在為這「三個禍害」的滅亡而奔走相告，互相慶賀。

誰知周處在殺死了蛟龍後，又突然浮出水面，游到了岸邊。當他上到岸上來時，看到人們正奔走相告，都在為他已不在人世而互相慶賀，這時他才曉得自己早已被人們認為是禍害了。這是為什麼呢？他捫心自問，經過一番仔細的反省之後終於有了改過自新的念頭。於是，他到吳郡去尋找陸機、陸雲兩兄弟。因為陸家兄弟是當時遠近聞名受人尊敬的大文人、大才子，周處想請陸家兄弟為他開導思想，指點迷津。

周處心中帶著疑惑來到吳郡陸家的時候，陸機不在家，正好會見了陸雲，於是他就把義興縣人為什麼恨他的情況全部告訴了陸雲，並說明自己想要改正錯誤重新做人，但又恨自己年紀已經不小了，恐怕不能做出什麼成就，因此想請陸家兄弟指點迷津。陸雲開導他說：「古人認為，一個人如果能在早晨懂得真理，那麼即使是在晚上死去，也是可貴的；更何況你現在

還年輕，前程還是充滿希望的。」

陸雲接著說：「一個人怕只怕沒有好的志向。有了好的志向，又何必擔心美名不能夠傳揚出去呢？」

周處聽了陸雲這番話後，從此洗心革面、改過自新。經過自己艱苦的努力，後來終於成了名揚四方的忠臣孝子。

一個人有了缺點錯誤並不可怕，只要敢於正視、敢於改正自己的缺點錯誤，重新確立好的志向，一樣可以成為一個有用之才。也就是說：浪子回頭金不換。

公孫弘認錯

　　漢代公孫弘年輕時家貧，後來貴為丞相，但生活依然十分儉樸，吃飯只有一道葷菜，睡覺只蓋普通棉被。就因為這樣，大臣汲黯向漢武帝參了一本，批評公孫弘位列三公，有相當可觀的俸祿，卻只蓋普通棉被，實質上是使詐以沽名釣譽，目的是為了騙取儉樸清廉的美名。

　　漢武帝便問公孫弘：「汲黯所說的都是事實嗎？」

　　公孫弘回答道：「汲黯說得一點沒錯。滿朝大臣中，他與我交情最好，也最瞭解我。今天他當著眾人的面指責我，正是切中了我的要害。我位列三公而只蓋棉被，生活水準和普通百姓一樣，確實是故意裝得清廉以沽名釣譽。如果不是汲黯忠心耿耿，陛下怎麼會聽到對我的這種批評呢？」

　　漢武帝聽了公孫弘的這一番話，反倒覺得他為人謙讓，就

更加尊重他了。

公孫弘面對汲黯的指責和漢武帝的詢問，一句也不辯解，並全都承認，這是何等的一種智慧呀！

汲黯指責他「使詐以沽名釣譽」，無論他如何辯解，旁觀者都已先入為主的認為他也許在繼續「使詐」。公孫弘深知這個指責的份量，因此採取了十分高明的一招，不作任何辯解，承認自己沽名釣譽。這其實表明自己至少「現在沒有使詐」。由於「現在沒有使詐」，被指責者及旁觀者都認可了，也就減輕了罪名的份量。

公孫弘的高明之處，還在於對指責自己的人大加讚揚，認為他是「忠心耿耿」。這樣一來，便給皇帝及同僚們這樣的印象：公孫弘確實是「宰相肚裡能撐船」。既然眾人有了這樣的心態，那麼公孫弘就用不著去辯解沽名釣譽了，因為這不是什麼政治野心，對皇帝構不成威脅，對同僚構不成傷害，只是個人對清名的一種癖好，無傷大雅。公孫弘對待批評的態度可謂高明。

　　生活中我們會遇到各式各樣的批評，對待不同的批評，要採用不同的應對策略。

　　對待別人的批評不一定要急於辯解，有時「坦然」的承認，也未必不是高明的手段。

　　如果批評是正確的，那你就應該從中學習些東西。這樣你就可以成長起來並進行一些積極的改變，同時還可以瞭解到自己以及自己身上那些需要改進的東西。在此之前，你可能根本就不知道自己身上還存在著這種問題，而它卻在始終跟隨著你。如果你這樣做了，你不僅沒有失去什麼，相反的還會得到許多東西。因此你應懷有謝意，應該感謝那些向你提出批評的人。

　　如果經過客觀分析，你認為該批評是毫無根據的，也沒有被其影響的必要。因為這並不是你的問題，而是別人的問題。如果你讓其影響了，你就是讓別人控制了自己。將自己的自我形象樹立得越強、越積極，對待批評就會更加心胸開闊。你會發現它不僅不會傷害你，相反，還會幫助你。

真假《聖教序》

　　宋代有位學者名叫石才叔，寫得一手好文章。他在平時博覽群書，見多識廣，且收藏著許多圖書的古跡珍品。

　　其時，文彥博在長安做統兵官，他聽說石才叔家收藏有唐代著名書法家褚遂良的親筆字帖《聖教序》，於是親自到石才叔家請求借回一閱。石才叔欣然允諾，將那份珍貴的字帖借給了文彥博。

　　文彥博將字帖拿回家中，反覆欣賞揣摩，看了又看，愛不釋手，便索性叫家裡的弟子臨摹了一本。

　　這一天，文彥博設宴招待幕僚、部下和幾個朋友，大家飲酒聊天，高談闊論，興致頗濃。文彥博叫家裡人拿出兩本《聖教序》字帖，上面都有作者姓名，文彥博讓客人們都來辨認這兩本《聖教序》的真假。那些客人們個個伸出大拇指，極力吹

捧文彥博的臨摹本是真的，是如何如何的珍貴，反而指著石才叔的收藏本說是假的。

當時，石才叔也在座，見此情景，他不說一句爭辯的話，只是笑著對文彥博說：「今天，我才認識到自己地位的低下。」

文彥博哈哈大笑起來，席上的客人們個個滿面通紅，羞愧不已。

石才叔委婉的諷刺了那些勢利的客人們，主人文彥博從心底與石才叔有同感，所以他也哈哈笑了起來，這也是對那些趨炎附勢之人的一種嘲笑。

「趨炎附勢」是生活中的許多小人的共通性。為了巴結強權者，他們往往刻意顛倒黑白，混淆視聽，這種行徑是卑鄙可恥的。為人還是正直、坦誠些好。

以信為本的諸葛亮

在《三國演義》第一〇一回中，描述了一則諸葛亮以信為本的故事。

一次諸葛亮在重議出師祁山時，長史楊儀向諸葛亮提出了一個分兵輪戰的建議。諸葛亮接受了這個意見，說：「此言正合我意，吾伐中原，非一朝一夕之事，正當為此長久之計。」於是下令，分兵兩班，限一百天為期，循環相轉，違限者按軍法處治。

接著，諸葛亮又率軍出祁山伐魏。先攻鹵城，又在隴上裝神巧割小麥，挫敗了司馬懿的偷襲行動。從此蜀、魏兩軍就在鹵城一帶處於相持狀態。兩軍相持了不少日子。

一天，楊儀向諸葛亮報告說：「向丞相令大兵一百日一換，今已限足，漢中兵已出川口前路公文已到，只待會兵交換：現

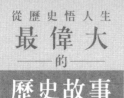

存八萬軍，內四萬該與換班。」

諸葛亮馬上回答：「既有令，便教速行。」眾軍得知這一消息後，各個收拾起程。但就在這個時刻，突然傳來緊急軍情：魏將孫禮引雍、涼人馬二十萬來助戰，去襲劍閣，司馬懿親自引兵來攻打鹵城！一聽這個消息，蜀軍無不驚駭。

現在，對諸葛亮來說，難題重重：敵人大兵壓軍，來勢洶洶；自己呢？老兵已決定回去，新軍尚未到達，兵力十分空虛。面臨如此危機，連提出分兵輪戰建議的楊儀也沉不住氣。他向諸葛亮緊急建議：「魏兵來得甚急，丞相可將換班軍且留下退敵，待新兵來到，然後換之」。按理說，這個建議是合情合理的，是以大局為重的。但諸葛亮對此斷然拒絕。他說：「不可。吾用兵將，以信為本——既有令在先，豈可失信？且蜀兵應去者，皆準備歸計，其父母妻子倚扉而望；吾今便有大難，絕不留他。」於是，傳令應回之兵，當日便行。當眾軍聽說此事，都大聲疾呼：「丞相如此施恩於眾，我等願且不回，各捨一命，大殺魏兵，以報丞相。」諸葛亮不依，仍叫他們回去。眾軍均要出戰，不願回家。這時，才同意他們暫留下應戰。作戰中，蜀軍奮力拚殺，人人奮勇，將銳兵驍，殺得魏軍屍橫遍野，血流成河。

　　在這裡，諸葛亮嚴守信義，從而激起了士兵求戰之情。信守，成了巨大的激勵力量。

　　既有令，必須換軍，這是用兵之常規。但敵軍二十萬急擁而至，蜀兵八萬除去換兵一半，只剩下四萬，何以抵敵？而這時諸葛亮仍堅持「以信為本」，堅持換軍，這是何故？楊儀要求暫不換軍，是老實算計，諸葛亮堅持換軍，是另有玄機。因為他懂得，既到期換軍，且已傳令放行，而軍士思家，歸心似箭，如強行留住，必無心應戰，戰則必敗，不如催其回家，使其知我守信，感我施恩於彼，必不肯即回，願意死戰。諸葛亮的御人術，確是高人一等。

　　人無信不立。己能守信，人始信之；如其無信，人必不信之。不僅人與人之間要如此，一國之主，一軍之主，更要如此。君主不守信，國人將無法聽從，統帥不守信，三軍難於指揮。聰明的領導者能以信為本，令出必行，所以可指揮如意，人人效力。

益智館 34

從歷史悟人生：最偉大的歷史故事

編著　　李銘峰

責任編輯　賴美君

美術編輯　林鈺恆

內文排版　姚恩涵

出版者　培育文化事業有限公司

信箱　yungjiuh@ms45.hinet.net

地址　新北市汐止區大同路3段194號9樓之1

電話　（02）8647-3663

傳真　（02）8674-3660

劃撥帳號　18669219

CVS代理　美璟文化有限公司

TEL／(02)27239968

FAX／(02)27239668

總經銷：永續圖書有限公司

永續圖書線上購物網
www.foreverbooks.com.tw

法律顧問　方圓法律事務所　涂成樞律師

出版日期　2019年9月

國家圖書館出版品預行編目資料

從歷史悟人生：最偉大的歷史故事 / 李銘峰
編著. -- 初版. -- 新北市：培育文化，
民108.09　面；　公分. -- (益智館；34)
ISBN 978-986-98057-0-4(平裝)
1.歷史故事
610.9　　　　　　　　　108011335

學歷

□國小　　□國中　　□高中、高職　　□專科、大學以上　　□其他_____

職業

□學生　□軍　□公　□教　□工　□商　□金融業
□資訊業　□服務業　□傳播業　□出版業　□自由業　□其他_____

謝謝您購買　**從歷史悟人生：最偉大的歷史故事**　與我們一起分享讀完本書後的心得。

務必留下您的基本資料及電子信箱，使用我們準備的免郵回函寄回，我們每月將抽出一百名回函讀者，寄出精美禮物以及享有生日當月購書優惠！想知道更多更即時的消息，歡迎加入"永續圖書粉絲團"

您也可以使用以下傳真電話或是掃描圖檔寄回本公司電子信箱，謝謝！

傳真電話：（02）8647-3660　　電子信箱：yungjiuh@ms45.hinet.net

●請針對下列各項目為本書打分數，由高至低5～1分。

```
              5 4 3 2 1                      5 4 3 2 1
1.內容題材　　□□□□□        2.編排設計　□□□□□
3.封面設計　　□□□□□        4.文字品質　□□□□□
5.圖片品質　　□□□□□        6.裝訂印刷　□□□□□
```

●您購買此書的地點及店名_____

●您為何會購買本書？

□被文案吸引　　□喜歡封面設計　　□親友推薦　　□喜歡作者
□網站介紹　　　□其他_____

●您認為什麼因素會影響您購買書籍的慾望？

□價格，並且合理定價是_____　　□內容文字有足夠吸引力
□作者的知名度　　□是否為暢銷書籍　　□封面設計、插、漫畫

●請寫下您對編輯部的期望及建議：

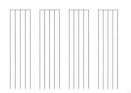